"Neste pequeno livro, Jen Wilkin conduz o leitor pelos Dez Mandamentos com suas típicas profundidade, sabedoria e clareza. Quer você tenha estudado a Bíblia por décadas, quer seja algo novo para você, este livro o ajudará a entender o que essas palavras antigas significam nos dias de hoje. Este livro me faz cobiçar os incríveis dons de escrever e ensinar de Jen Wilkin, enquanto me oferece ferramentas para combater a cobiça."

Russell Moore, presidente da Comissão de Ética e Liberdade Religiosa da Southern Baptist Convention

"Jen Wilkin nos leva a olhar para os Dez Mandamentos de outra maneira — acolhendo a obediência a partir de uma posição de amor e deleite pelo Senhor, e não de medo ou ameaça. Para o crente liberto em Cristo, trata-se de um lembrete de que as boas-novas produzem bons frutos."

Ruth Chou Simons, autora best-seller do *Wall Street Journal, Beholding and Becoming* e *GraceLaced*; artista; fundadora de *GraceLaced Co.*

"Em Dez Mandamentos para a vida, Jen Wilkin faz exatamente o que costuma fazer de melhor: pegar a Escritura e torná-la clara; pegar a teologia e revelar sua praticidade cotidiana, aqui e agora. E, mais uma vez, lembramos que os caminhos de Deus e seus mandamentos são para nosso bem. Mais uma vez, lembramos que suas palavras são vida, saúde e paz."

Hannah Anderson, autora de *All That's Good: Recovering the Lost Art of Discernment*

"Jen Wilkin forneceu um guia novo e oportuno por meio dos Dez Mandamentos. Ela destaca seu significado para aqueles que seguem Cristo, proporcionando-nos uma visão de dar água na boca de como a vida pode ser quando seguimos as boas palavras do Rei Jesus."

Sam Allberry, pastor; autor de 7 *Myths about Singleness* e *Why Does God Care Who I Sleep With?*

"Tento ler tudo que Jen Wilkin escreve, e este livro é outro exemplo para eu agir assim. Eu me vi informado, desafiado e encorajado, e acho que você também será."

Andrew Wilson, Pastor docente na King's Church London

"Jen Wilkin forneceu uma explicação clara, perspicaz e acessível de uma das seções mais importantes da Sagrada Escritura: os Dez Mandamentos. Com facilidade e entusiasmo, ela nos ajuda a compreender o cerne das leis de Deus e como nos são dadas para trazer vida. Altamente recomendado!"

Jonathan T. Pennington, Professor associado de Novo Testamento no The Southern Baptist Theological Seminary

"O que mais aprecio em Jen Wilkin é que, ao ensinar a Bíblia, ela também nos ensina a ler a Bíblia por nós mesmos. Isso é exatamente o que ela faz neste livro com uma das partes mais importantes e ainda mal compreendidas das Escrituras: os Dez Mandamentos. Longe de serem regras dignas de um Deus rabugento, aprendemos que os mandamentos de Deus são belos e vivificantes, revelando o padrão de semelhança com Cristo que podemos experimentar pela graça de Deus. A leitura deste livro ajudará você não apenas a conhecer os Dez Mandamentos, como também a amá-los, deleitar-se neles e, por fim, viver de acordo com eles."

Jeremy Treat, pastor de Pregação e Visão na Reality LA, Los Angeles, Califórnia; professor adjunto de Teologia na Biola University; autor de *Seek First* e *The Crucified King*

"Tenho estudado e pregado sobre os Dez Mandamentos nos últimos trinta anos, mas *Dez mandamentos para a vida* me ajudou a ver novas verdades e considerar novas aplicações. Este livro é bíblico, profundo e extremamente prático. Jen Wilkin traz com maestria o antigo resumo da lei para a vida cotidiana. Independentemente de sua experiência com o estudo da Bíblia, leia este livro. Você será levado a apreciar os Dez Mandamentos e em que medida precisamos deles hoje."

Mark Vroegop, Pastor titular na College Park Church, Indianápolis, Indiana; autor de *Dark Clouds, Deep Mercy* e *Weep with Me*

Dados Internacionais de Catalogação na Publicação (CIP)
(eDOC BRASIL, Belo Horizonte/MG)

W683d   Wilkin, Jen, 1969-.
            Dez mandamentos para a vida / Jen Wilkin; tradutora Ingrid Andrade. – São José dos Campos, SP: Fiel, 2023.
            14 x 21 cm

            Título original: Ten words to live by
            ISBN 978-65-5723-264-4

            1. Dez mandamentos – Crítica, interpretação etc. 2. Vida cristã. I. Andrade, Ingrid. II. Título.

                                                           CDD 241.5

Elaborado por Maurício Amormino Júnior – CRB6/2422

DEZ MANDAMENTOS PARA A VIDA

Traduzido do original em inglês
Ten Words to Live By:
Delighting in and Doing What God Commands

Copyright © 2019 por Crossway.
Todos os direitos reservados.

∎

Originalmente publicado em inglês por
Crossway,
Wheaton, Illinois.

Copyright © 2022 Editora Fiel
Primeira edição em português: 2023

Todos os direitos em língua portuguesa reservados
por Editora Fiel da Missão Evangélica Literária

Proibida a reprodução deste livro por quaisquer meios sem a permissão escrita dos editores, salvo em breves citações, com indicação da fonte.

Os textos das referências bíblicas foram extraídos da Versão Almeida Revista e Atualizada, 2ª ed. (Sociedade Bíblica do Brasil), salvo indicação específica.

∎

Editor-chefe: Tiago J. Santos Filho
Supervisor Editorial: Vinicius Musselman Pimentel
Coordenador Gráfico: Gisele Lemes
Editor: Renata do Espírito Santo
Tradutor: Ingrid Andrade
Revisor: Shirley Lima
Diagramador: Rubner Durais
Capista: Rubner Durais
ISBN brochura: 978-65-5723-264-4
ISBN e-book: 978-65-5723-263-7

Caixa Postal 1601
CEP: 12230-971
São José dos Campos, SP
PABX: (12) 3919-9999
www.editorafiel.com.br

Sumário

Os Dez Mandamentos 9

Introdução 13

1. O Primeiro Mandamento 23

2. O Segundo Mandamento 37

3. O Terceiro Mandamento 51

4. O Quarto Mandamento 67

5. O Quinto Mandamento 81

6. O Sexto Mandamento 95

7. O Sétimo Mandamento 109

8. O Oitavo Mandamento 123

9. O Nono Mandamento 135

10. O Décimo Mandamento 149

Conclusão 163

Os Dez Mandamentos

Êxodo 20.10-17

"Eu sou o Senhor, teu Deus, que te tirei da terra do Egito, da casa da servidão."

Mandamento 1
"Não terás outros deuses diante de mim."

Mandamento 2
"Não farás para ti imagem de escultura, nem semelhança alguma do que há em cima nos céus, nem embaixo na terra, nem nas águas debaixo da terra. Não as adorarás, nem lhes darás culto; porque eu sou o Senhor, teu Deus, Deus zeloso, que visito a iniquidade dos pais nos filhos até à terceira e quarta geração daqueles que me aborrecem e faço misericórdia até mil gerações daqueles que me amam e guardam os meus mandamentos."

Mandamento 3
"Não tomarás o nome do Senhor, teu Deus, em vão, porque o Senhor não terá por inocente o que tomar o seu nome em vão."

Mandamento 4

"Lembra-te do dia de sábado, para o santificar. Seis dias trabalharás e farás toda a tua obra. Mas o sétimo dia é o sábado do Senhor, teu Deus; não farás nenhum trabalho, nem tu, nem o teu filho, nem a tua filha, nem o teu servo, nem a tua serva, nem o teu animal, nem o forasteiro das tuas portas para dentro; porque, em seis dias, fez o Senhor os céus e a terra, o mar e tudo o que neles há e, ao sétimo dia, descansou; por isso, o Senhor abençoou o dia de sábado e o santificou."

Mandamento 5

"Honra teu pai e tua mãe, para que se prolonguem os teus dias na terra que o Senhor, teu Deus, te dá."

Mandamento 6

"Não matarás."

Mandamento 7

"Não adulterarás."

Mandamento 8

"Não furtarás."

Mandamento 9

"Não dirás falso testemunho contra o teu próximo."

Mandamento 10

"Não cobiçarás a casa do teu próximo. Não cobiçarás a mulher do teu próximo, nem o seu servo, nem a sua serva, nem o seu boi, nem o seu jumento, nem coisa alguma que pertença ao teu próximo."

Romanos 13.8-10

"A ninguém fiqueis devendo coisa alguma, exceto o amor com que vos ameis uns aos outros; pois quem ama o próximo tem cumprido a lei. Pois isto: Não adulterarás, não matarás, não furtarás, não cobiçarás, e, se há qualquer outro mandamento, tudo nesta palavra se resume: Amarás o teu próximo como a ti mesmo. O amor não pratica o mal contra o próximo; de sorte que o cumprimento da lei é o amor."

Introdução

Lembre-se de se alegrar

Porque este é o amor de Deus:
que guardemos os seus mandamentos;
ora, os seus mandamentos não são penosos.
1 João 5.3

Este é um livro sobre a lei de Deus em toda a sua beleza vivificante. Hoje, na igreja, há um grande esquecimento acerca do papel da lei na vida do crente. Este livro é um exercício de memória.

Já nas primeiras páginas do Antigo Testamento, em Êxodo 20 e, novamente, em Deuteronômio 5, um antigo povo em uma terra distante recebeu o *aseret hadevarim*, as Dez Palavras. O que a Torá e os rabinos chamavam de Dez Palavras, você e eu conhecemos como os Dez Mandamentos. Entregues a Moisés no Monte Sinai, inscritas em tábuas de pedra pelo próprio dedo de Deus, essas dez leis destinavam-se a servir aos israelitas quando deixaram o Egito pagão e entraram na Canaã pagã. Elas compreendem a lei moral do Antigo Testamento, dando sustentação às suas leis civis e cerimoniais.

Moisés assegurou a esse povo, a nação de Israel, que a obediência a essas Dez Palavras resultaria em vida e bênção:

> Cuidareis em fazerdes como vos mandou o Senhor, vosso Deus; não vos desviareis, nem para a direita, nem para a esquerda. Andareis em todo o caminho que vos manda o Senhor, vosso Deus, para que vivais, bem vos suceda e prolongueis os dias na terra que haveis de possuir. (Dt 5.32-33)

Os Dez Mandamentos talvez sejam o exemplo mais conhecido de lei moral, influenciando os códigos de lei nos tempos modernos. Embora a maioria das pessoas saiba sobre as Dez Palavras, poucas podem realmente enumerá-las. Uma pesquisa conceituada descobriu que, embora os americanos tivessem dificuldade para lembrar os Dez Mandamentos, eram capazes de citar os sete ingredientes de um Big Mac e todos os seis membros da série *The Brady Bunch* [no Brasil, A *Família Brady*] com relativa facilidade.[1] Segundo minha experiência, poucos cristãos, igualmente, são capazes de citar os dez "ingredientes-chave" do Decálogo. Você consegue citar todos eles? Acaso você não deveria ser capaz disso?

E, quando os Dez Mandamentos não são esquecidos, com frequência são compreendidos de forma equivocada. Eles sofrem de um problema de relações públicas. São vistos por muitos como as declarações obsoletas de um Deus ameaçador e rabugento a um povo desobediente, declarações que a ninguém parecem muito sociáveis ou amáveis. Por termos dificuldade em ver qualquer beleza nas Dez Palavras, torna-se fácil esquecê-las.

---

1 Reuters Life!, "Americans Know Big Macs Better Than Ten Commandments", Reuters, Thomson Reuters, 13 out. 2007. Disponível em: www.reuters.com/article/us-bible-commandments/americans-know-big-macs-better-than-ten-commandments-idUSN122389402007012.

Lei e graça

Talvez você já tenha ouvido a seguinte declaração: "Cristianismo não é sobre regras, mas sobre relacionamento". Essa é uma ideia que tem contado com popularidade nas últimas décadas, pois as mensagens evangelísticas enfatizavam cada vez mais o relacionamento pessoal com Deus, possibilitado pela graça que perdoa nossos pecados contra a lei divina. De muitas maneiras, essa abordagem evangelística busca resolver o problema de relações públicas que registrei aqui, trocando o rabugento Deus da lei do Antigo Testamento pelo compassivo Deus da graça do Novo Testamento.

Assim, lei e graça passaram a se opor entre si como inimigas quando, na verdade, são amigas. O Deus do Antigo Testamento e o Deus do Novo Testamento foram colocados em oposição quando, na verdade, são o mesmo. Deus não muda. Sua justiça e sua compaixão sempre coexistiram, assim como sua lei e sua graça. Nisso reside nosso esquecimento. Em vez de vermos o pecado da transgressão da lei como uma barreira para o relacionamento com Deus, temos considerado, regularmente, a própria lei como a barreira. Chegamos até mesmo a acreditar que as regras impedem o relacionamento.

Então, o cristianismo é sobre regras ou é sobre relacionamento? A fé cristã é totalmente sobre relacionamento. Mas, ao mesmo tempo que essa fé é pessoal, também é comunitária. Somos salvos para ter um relacionamento especial com Deus e, desse modo, também um relacionamento especial com outros crentes. O cristianismo é sobre o relacionamento com Deus e as outras pessoas — e, porque essa afirmação é verdadeira, o cristianismo também é, inequivocamente, sobre regras, pois as regras nos mostram como viver nesses relacionamentos. Em vez de ameaçar o relacionamento, as regras o tornam possível. Sabemos que isso é verdade na vida cotidiana. Imagine que você seja um professor substituto em uma escola de nível básico. Qual turma do jardim de infância você prefere acompanhar: aquela que conta com regras estabelecidas e respeitadas afixadas no quadro de avisos ou a turma que não conta com essas regras? As regras garantem que a autoridade ali seja honrada e que aqueles que estão sob o seu comando levem em consideração os interesses dos outros, da mesma forma que levam em conta os seus próprios. Sem regras, nossas esperanças de um relacionamento saudável desaparecem em pouco tempo. Jesus não colocou as regras e os relacionamentos de lados opostos. Foi ele quem disse: "Se me amais, guardareis os meus mandamentos".[2]

Os cristãos têm sido ensinados, por boas razões, a temer o legalismo — a tentativa de ganhar favores por meio da obediência à lei. O legalismo é uma praga terrível, como fica bem evidente no exemplo dos fariseus. Mas, em nosso zelo para evitar o legalismo, às vezes esquecemos os muitos lugares em que a beleza da lei nos é exaltada, tanto no Antigo Testamento como no Novo Testamento. Bem-aventurado, diz o salmista, aquele cujo prazer está na lei do Senhor.[3] Embora o legalismo seja uma praga, o cumprimento da lei é uma virtude abençoada, como se vê no exemplo de Cristo.

---

2 João 14.15.
3 Veja Salmos 1.

Devemos amar a lei porque amamos Jesus e porque Jesus amou a lei. Ao contrário da crença comum, os fariseus não eram amantes da lei; eram amantes de si mesmos. Por isso Jesus diz que, a menos que nossa justiça exceda a dos escribas e fariseus, nunca entraremos no reino dos céus (Mt 5.20). Legalismo é apenas justiça externa, praticada para obter favores. Legalismo não é amor à lei, mas é a própria forma de transgredir a lei, distorcendo-a para seus próprios fins.

Quando as Escrituras condenam a transgressão da lei — como ocorre repetidas vezes e de forma veemente —, condenam tanto aquele que ignora a lei como aquele que a abraça para fins de justiça própria. Observe as palavras do apóstolo João: "Todo aquele que pratica o pecado também transgride a lei, porque o pecado é a transgressão da lei" (1Jo 3.4).

A própria definição de pecado é a rejeição da lei. O que, então, é o cumprimento da lei?

O cumprimento da lei é a semelhança de Cristo. Obedecer à lei é assemelhar-se a Jesus Cristo. Enquanto o legalismo constrói a justiça própria, o cumprimento da lei constrói a justiça. A obediência à lei é o meio de santificação para o crente. Servimos ao Cristo ressurreto, "o qual a si mesmo se deu por nós, a fim de remir-nos de toda iniquidade [transgressão da lei] e purificar, para si mesmo, um povo exclusivamente seu, zeloso de boas obras" (Tt 2.14).

Portanto, é minha ardente esperança que este livro aumente seu zelo. Existem boas obras a fazer pelo povo de Deus, não a partir da ansiedade para ganhar seu favor, mas a partir do deleite, porque já o temos. Esse favor é nossa liberdade, uma liberdade da escravidão mais bem-compreendida quando nos lembramos de seu prenúncio muitos anos atrás, no tempo das Dez Palavras.

Uma festa no deserto

Antes de Deus falar a lei a Israel do alto do Sinai, ele fala de libertação a Moisés, lá da sarça ardente. Israel vivia os sofrimentos de uma labuta amarga. Quatrocentos anos no Egito os haviam transformado em escravos sem esperança de liberdade. Mas a sarça fala. Yahweh dá a conhecer seu plano de grande resgate. Moisés deve ir a Faraó com um pedido: "Deixa-nos ir caminho de três dias para o deserto, a fim de que sacrifiquemos ao Senhor, nosso Deus" (Êx 3.18).

Deixa ir o meu povo. Esse será o refrão dos próximos dezesseis capítulos de Êxodo. Sete vezes, Moisés trará as palavras de Deus ao Faraó: "Deixa ir o meu povo, para que me celebre uma festa no deserto" (Êx 5.1; 7.16; 8.1, 20; 9.1, 13; 10.3).

Uma festa no deserto. Um ato de adoração. Algo até então fora de questão. A amarga servidão a Faraó havia tornado impossível para Israel o culto abençoado a Deus. Como eles poderiam servir tanto a Deus como a Faraó? A adoração obediente ao Rei do céu não pode ser oferecida por aqueles que se encontram escravizados no reino de Faraó. *Deixa ir o meu povo.*

Mas Faraó é um mestre teimoso. Por que ele os libertaria para servir a outro mestre quando, na verdade, estão servindo a ele? Com dez pragas, Yahweh quebra o cetro de Faraó e liberta seus filhos por passagens de sangue e de água. Dez grandes dores de parto e um nascimento: os servos de Faraó se encontram renascidos em sua verdadeira identidade como servos de Deus. Que a festa comece!

Mas a fome e a sede são seus primeiros companheiros, e eles murmuram contra Deus. Deus, então, supre suas necessidades com água viva e comida do céu, uma amostra da provisão que os aguardava em Canaã. E, por fim, eles se aproximam do sopé da montanha, o lugar para onde Deus os chamara com o propósito de adoração, sacrifício e festa.

Deus desce em trovões e relâmpagos, e não lhes dá a festa que esperavam, mas aquela de que necessitam. Ele lhes dá a lei. A lei de Faraó, essa eles sabem de cor, mas a lei de Yahweh, para eles, é, na melhor das hipóteses, uma lembrança remota, após quatrocentos anos no Egito. Ele não a dá quando estão no Egito, pois como poderiam servir a dois senhores? Não, em vez disso, ele espera, dando-a, graciosamente, no momento em que eles finalmente são capazes de obedecer. Venha para a festa. Venha aquele que passa fome por causa da lei do Faraó para se banquetear com a lei do Senhor. Venha provar a lei que dá liberdade (Tg 1.25).

Muitos anos depois, Jesus falaria a seus seguidores sobre sua própria relação com a lei. *Ninguém pode servir a dois senhores. Nasça de novo pela água e pelo sangue. Tenha fome e sede de justiça. Se o Filho vos libertar, verdadeiramente sereis livres.*[4] Jesus se mostra o verdadeiro e melhor Moisés, guiando-nos até o sopé do Monte Sião para trocar a lei de pecado e morte pela lei de amor e vida.

Foi para a liberdade que Cristo, o verdadeiro e melhor Moisés, nos libertou.[5] Fomos transportados do reino das trevas para o reino da luz, da lei desumanizadora do opressor para a lei humanizadora da liberdade. Encontramo-nos no

---

4 Mateus 5.6; 6.24; João 3.5; 8.36.
5 Gálatas 5.1.

deserto da provação, alimentados com o pão que desceu do céu, ansiando por um lar melhor. Como, então, viveremos? Ouça as palavras de Paulo:

> Assim como oferecestes os vossos membros para a escravidão da impureza e da maldade [trangressão da lei] para a maldade, assim oferecei, agora, os vossos membros para servirem à justiça para a santificação. (Rm 6.19)

Para os que estão no deserto, a lei é graciosamente dada para nos separar daqueles que nos rodeiam e apontar o caminho para o amor a Deus e o amor ao próximo. As Dez Palavras nos mostram como ter vidas santas como cidadãos do céu enquanto ainda moramos na terra. Para o crente, a lei se torna um meio de graça.

Palavras encorajadoras

As regras possibilitam o relacionamento. As Dez Palavras, graciosamente, nos posicionam para viver em paz com Deus e com os outros. O Grande Mandamento, aquele que Jesus diz que resume todas as 611 leis gerais e específicas do Antigo Testamento, confirma isso:

> Amarás o Senhor, teu Deus, de todo o teu coração, de toda a tua alma, de todas as tuas forças e de todo o teu entendimento; e: Amarás o teu próximo como a ti mesmo. (Lc 10.27)

O Grande Mandamento é o princípio fundamental para toda vida correta. Naturalmente, as Dez Palavras seguem o mesmo padrão de cumprimento da lei: primeiro para com

Deus e, em seguida, para com o homem. As Dez Palavras são encorajadoras, destinadas a nos dar esperança — esperança de que viveremos de forma correta, orientados para Deus e para as outras pessoas, e esperança de que cresceremos em santidade.[6] Elas não são dadas para desencorajar, mas para alegrar. Não são nada menos do que palavras de vida.

Mas tome nota: essas não são palavras de vida para todas as pessoas. Para o incrédulo, a obediência às Dez Palavras pode produzir apenas o fruto mortal do legalismo. Como o autor de Hebreus deixa claro: "Sem fé é impossível agradar a Deus" (Hb 11.6). Essas palavras trazem vida somente para aqueles que se uniram a Cristo pela fé. Nosso relacionamento foi comprado pela perfeita obediência de Cristo à lei. A vida de Jesus cumpre as palavras proféticas de Salmos 40.8: "Agrada-me fazer a tua vontade, ó Deus meu; dentro do meu coração, está a tua lei".

Aquele que se deleitou na lei de Deus a oferece àqueles que confiam nele, para que também se deleitem nela. E para que possam agradar a Deus. Com fé, pelo poder do Espírito, é possível agradar a Deus.

Proponho que decidamos não apenas nos lembrar das Dez Palavras, como também nos alegrar com elas, ver beleza nelas, buscar nelas encorajamento e viver por elas. Elas permanecem antigas e atemporais, assim como para o Israel resgatado, também para nós: uma festa de justiça espalhada pelo deserto, fortalecendo nossos corações para a jornada de volta ao lar.

---

6 Romanos 15.4.

1
O Primeiro Mandamento

Lealdade integral

*Então, falou Deus todas estas palavras: Eu sou o Senhor,
teu Deus, que te tirei da terra do Egito, da casa da servidão.
Não terás outros deuses diante de mim.*

Êxodo 20.1-3

Mesmo tendo sido texana por toda a vida, sinto-me capaz de reconhecer que o Texas é um lugar engraçado e maravilhoso. Decoramos nossas casas e quintais com bandeiras do Texas e artesanato com temáticas do Texas. Quando nossos filhos terminarem o ensino médio, eles terão estudado a história do Texas por dois anos inteiros. Terão cantado nosso hino carregado de superlativos ("Texas, nosso Texas! Todos saúdam o poderoso estado!") em cada um dos jogos de futebol do ensino médio e em todos os grandes eventos esportivos. E não apenas isso. Além de jurar lealdade à bandeira americana, terão começado cada dia na escola honrando a bandeira do Texas: "Prometo lealdade a ti, Texas, um estado sob Deus, uno e indivisível".

Não vejo fervor semelhante em outros estados, decorativo ou declarativo. Suspeito que seja porque nós, texanos, nos orgulhamos do fato singular de habitarmos o único estado que já foi uma nação independente. A Guerra da Independência do Texas foi um grande negócio para nós. Se nos lembramos da Batalha do Álamo? Sim... sim, lembramos.

Recordar a história de uma libertação custosa molda a psique do Texas. Prometer lealdade ao nosso estado — e ao nosso país — nos faz lembrar de que todos devemos obrigação a uma autoridade maior do que nós mesmos. Entendemos que estamos em estado de submissão àqueles que fazem as leis e, portanto, também às próprias leis.

Isso também era verdade para Israel, e também é verdade para todo seguidor do único Deus verdadeiro. A realidade de uma autoridade superior explica por que a entrega dos Dez Mandamentos não começa realmente com a enunciação do primeiro mandamento. Em vez disso, começa com uma breve lição de história, lembrando uma libertação custosa e estabelecendo quem está no comando: "Então, falou Deus todas estas palavras: Eu sou o Senhor, teu Deus, que te tirei da terra do Egito, da casa da servidão" (Êx 20.1-2).

Apenas cinquenta dias antes, Israel havia partido do Egito, após as dez pragas enviadas para efetivar sua libertação. Fresca em suas mentes, estaria a lembrança daqueles dias sombrios — o Nilo correndo espessamente vermelho, as rãs mortas amontoadas em pilhas malcheirosas, os enxames de insetos apodrecendo, granizo, doenças, escuridão e morte. Após reuni-los no Monte Sinai, em meio a trovões e fumaça, Deus lembra ao seu povo que foi somente por sua mão poderosa que aquela libertação se realizara. A única contribuição de Israel para sua liberdade foi levantar-se em obediência, como aqueles que caminham da morte para a vida. Deus apresenta os Dez Mandamentos ao seu povo, identificando-se como o Senhor, seu Deus, e incitando-os com palavras como: "Lembrem-se do Egito". Por quê? Porque, antes de Israel jurar lealdade somente a Yahweh, deve lembrar-se de sua dispendiosa libertação.

Essa libertação envolveu deixar para trás não apenas a terra do Egito, mas também os costumes daquela terra. Cada uma das dez pragas foi mais do que apenas um sinal dramático para Faraó de que ele deveria libertar os hebreus. Cada uma delas foi a derrota simbólica de uma divindade egípcia. Osíris, cuja corrente sanguínea acreditava-se ser o Nilo, sangra diante de seus adoradores quando Yahweh transforma esse rio em sangue. Em reverência a Heqet, a deusa-rã do nascimento, os egípcios consideravam as rãs sagradas, animais que não deveriam ser mortos. Yahweh as mata aos milhares. Os deuses egípcios que governavam a fertilidade, as colheitas, o gado e a saúde mostram-se impotentes diante do poderoso braço estendido do Deus de Israel. Na nona praga da escuridão, Yahweh demonstra seu domínio sobre o deus do Sol, Rá, de quem se acreditava que o faraó fosse a encarnação. E na praga final, a morte do primogênito, Deus se mostra supremo sobre todo o panteão egípcio, demonstrando seu poder sobre vida e morte.

Um Deus derrubando todos os rivais.

Eu sou o Senhor, teu Deus, que te tirei da terra do Egito. A mensagem aos israelitas ao pé do Monte Sinai é clara: antes que vocês possam me obedecer como o Deus das Dez Palavras de vida, devem reverenciar-me como o Deus das dez pragas de morte. A resposta requerida também é óbvia. Se o Deus que derrubou todos os rivais no Egito tirou vocês de lá com seu poderoso braço estendido, a única resposta lógica é obedecer à primeira palavra: "Não terás outros deuses diante de mim".

Lembrem-se de sua dispendiosa libertação. Prometam lealdade apenas a mim.

Apenas um Deus

O primeiro mandamento, "Não terás outros deuses diante de mim", é falado na linguagem de um soberano a um servo. Não pode haver lealdade dupla quando se trata de servir a Yahweh. Ao ordenar lealdade única, Deus não apenas afirma que é superior a outros deuses. Nem mesmo nas pragas, ele demonstra simplesmente que é mais forte que outros deuses: Deus declara que eles não existem. Eles nada mais são do que a vã imaginação de uma mente obscurecida. A primeira palavra é mais do que uma proibição de adorar a deuses menores; é um convite à realidade. "Eu sou o Senhor, e não há outro; além de mim não há Deus" (Is 45.5). Por que Israel não deveria adorar a outros deuses diante de Deus? Porque não há outros deuses.

Talvez isso pareça óbvio. Deus acabou de derrotar o maior inimigo de seu povo e envergonhar seus deuses inexistentes. Mas a verdade de que há apenas um Deus a ser adorado deve estabelecer-se profundamente, nas entranhas do povo de Israel, pois Deus trouxe seus filhos vitoriosos para fora do Egito politeísta com o propósito de conduzi-los em vitória para dentro da Canaã politeísta.

Depois de quatrocentos anos no Egito, o politeísmo seria mais familiar a Israel do que o monoteísmo que o primeiro mandamento expressa. Pareceria mais natural do que a adoração singular que Deus ordena, da mesma forma que o pecado costuma ser em comparação à justiça. A terra do outro lado do Jordão acena com a confortável familiaridade da adoração a muitos deuses. A probabilidade de Israel retornar ao que lhe soa familiar é alta.

O chamado ao monoteísmo não seria uma ideia nova para Israel aos pés do Sinai. O relato da criação de Gênesis 1 contém a ordem implícita de adorar somente a Deus. Assim como as dez pragas, os seis dias da criação são propositalmente redigidos para derrubar qualquer noção de adoração a Sol, Lua, estrelas, terra, mar, céu, plantas, animais ou humanos. Todos os céus e toda a terra são mostrados como derivados, dependentes e a serviço do Deus sem origem que, sem esforço, os chama à existência.

Mas o povo de Deus esquece isso rapidamente. Já no capítulo 35 de Gênesis, encontramos um relato de advertência de adoração dividida entre os filhos de Deus. Parece que, entre seu exílio em Padã-Arã e seu retorno a Betel, Jacó e sua família haviam levado alguns ídolos domésticos clandestinos em seus alforjes. Embora Deus não tenha ordenado explicitamente isso, Jacó sabe que os ídolos devem ser retirados:

> Então, disse Jacó à sua família e a todos os que com ele estavam: Lançai fora os deuses estranhos que há no vosso meio, purificai-vos e mudai as vossas vestes; levantemo-nos e subamos a Betel. Farei ali um altar ao Deus que me respondeu no dia da minha angústia e me acompanhou no caminho por onde andei. (Gn 35.2-3)

A presença de ídolos entre a família de Jacó aponta para o funcionamento de uma mentalidade do tipo "uma coisa e outra": sim, serviremos a Yahweh, mas também, por precaução, ofereceremos devoção a esses outros deuses.

Lealdade dupla. Você se identifica com isso?

Essa mentalidade se esconde na bagagem dos crentes nos dias de hoje, assim como na família de Jacó, há três mil anos. Trata-se de uma expressão antiga da referência de Tiago 1.8 a uma mente dividida. A mente dividida ocorre não porque *tenhamos substituído* Deus por um ídolo, mas porque *adicionamos* um ídolo ao nosso *monoteão* para que ele se torne um *politeão*. Ao longo da história de Israel, o refrão que se repetirá sobre a idolatria não é que ele tenha cessado a adoração a Deus *totalmente*, mas que cessou a adoração a Deus *somente*.

Uma obediência expansiva

Os atuais filhos de Yahweh não são tão diferentes dos filhos de Yahweh daquela época. Como Israel, afirmamos, verbal e intelectualmente, que não existem outros deuses, mas não fazemos isso na prática. Na prática, vivemos como politeístas. Nossa idolatria é um arranjo do tipo "uma coisa e outra": preciso de Deus e preciso de um cônjuge. Preciso de Deus e preciso de uma cintura menor. Preciso de Deus e preciso de boa saúde. Preciso de Deus e preciso de uma conta bancária bem gorda.

Em nossas mentes, racionalizamos que o tipo "uma coisa e outra" ainda oferece a Deus alguma forma ou algum grau de adoração, então deve estar tudo bem. No entanto, de acordo com Gênesis e Êxodo, deixar de adorar a Deus somente é corromper qualquer adoração oferecida a ele.

Em Mateus 6.24, Jesus nos ensina que "ninguém pode servir a dois senhores; porque ou há de aborrecer-se de um e amar ao outro, ou se devotará a um e desprezará ao outro". Podemos pensar que a lealdade dupla é desejável, mas Jesus nos assegura que isso nem mesmo é possível. Somos criados para uma lealdade firme, determinada. Somos projetados para isso. Somos feitos à imagem de um Deus e para carregar a imagem de um Deus. Não podemos nos conformar tanto à imagem de Deus como à imagem de um ídolo.

Não fomos projetados para ser politeístas, nem podemos sustentar o peso de uma mentira de muitos deuses em nossas mentes. Quando nos apegamos a Deus e_____, tornamo-nos "inconstantes em todos os [nossos] caminhos" (Tg 1.8).

Muitas vezes é preciso haver uma crise para apontar nossa tolice. Nada como uma crise financeira para nos ensinar nossa adoração ao dinheiro e ao conforto além de Deus. Nada como um filho rebelde ou um divórcio para nos ensinar nossa adoração a ter uma família perfeita além de Deus. Nada como o processo de envelhecimento para nos ensinar nossa adoração à saúde e à beleza além de Deus.

É exatamente nesse ponto de crise que encontramos Jacó pronto para expulsar os ídolos domésticos. Penitente, ele acaba de encarar seus próprios fracassos. Sua filha havia sido violentada, e seus filhos haviam respondido com uma terrível vingança quando ele próprio falhara em buscar justiça. Jacó é um homem que sofre por sua confiança em si próprio e por um espírito azedado por sua própria ardileza. Ele é um homem familiarizado com a crise. Ele é um homem que, finalmente, está aprendendo a prometer lealdade a Deus somente.

Qualquer que seja a instabilidade necessária para nos conduzir ao arrependimento, a solução final para nossa prática de politeísmo é encontrada na história de Jacó: "Então, deram a Jacó todos os deuses estrangeiros que tinham em mãos e as argolas que lhes pendiam das orelhas; e Jacó os escondeu debaixo do carvalho que está junto a Siquém" (Gn 35.4).

Jacó poderia ter destruído os ídolos de qualquer maneira. Ele poderia tê-los queimado, atirado em um lago ou cortado em pedaços. Em vez disso, ele os enterra sob uma árvore conhecida como local de adoração de ídolos. Determinado a deixar o passado para trás e viver na verdade de que Deus é sua única esperança, Jacó realiza, simbolicamente, um funeral para os ídolos no mesmo lugar em que eram adorados.[1] Com aguda ironia, o local para a adoração dos ídolos torna-se, simbolicamente, um cemitério para eles.

Não perca de vista a moral da história: para nos livrarmos de nossos ídolos, devemos fazê-los morrer.

Enterrando nossas atitudes do tipo "uma coisa e outra"

Jacó realiza um funeral necessário, e nós também devemos fazê-lo. O apóstolo Paulo nos exorta a isso:

> *Fazei*, pois, *morrer* a vossa natureza terrena: prostituição, impureza, paixão lasciva, desejo maligno e a avareza, que é *idolatria*; por estas coisas é que vem a ira de Deus [sobre os filhos da desobediência]. Ora, nessas mesmas coisas andastes vós também, noutro tempo, quando

---

[1] Bill T. Arnold, *Encountering the Book of Genesis* (Grand Rapids, MI: Baker, 2004), p. 137.

> vivíeis nelas. Agora, porém, despojai-vos, igualmente, de tudo isto: ira, indignação, maldade, maledicência, linguagem obscena do vosso falar. Não mintais uns aos outros, uma vez que vos despistes do velho homem com os seus feitos e vos revestistes do novo homem que se refaz para o pleno conhecimento, segundo a imagem daquele que o criou. (Cl 3.5-10)

Observe que Paulo descreve uma lista de comportamentos idólatras bem semelhantes aos pecados que encontraremos proibidos nas Dez Palavras. Paulo não quer dizer que mortifiquemos apenas comportamentos, mas os ídolos do coração que se escondem por trás deles. Ele está exortando os crentes a serem estudantes de nossos comportamentos como indicadores do que (ou a quem) adoramos além de Deus.

A primeira palavra serve como o tópico frasal para as outras nove. Se obedecêssemos à primeira palavra, obedeceríamos automaticamente às outras. Ela estabelece a postura adequada diante de Deus que possibilita os motivos e comportamentos adequados para obedecer às outras nove.

Fomos criados à imagem de Deus. Quanto mais adoramos um ídolo, mais nos conformamos à sua imagem. Fazer morrer um ídolo é ser restaurado à imagem de Deus.

Como Jacó, devemos enterrar nossos ídolos. Pelo poder do Espírito, devemos enterrar nossas atitudes do tipo "uma coisa e outra" e mantê-las enterradas, aprendendo com nossos erros do passado e crescendo em retidão a cada dia. A primeira palavra nos prepara para as outras nove, exigindo nossa lealdade integral ao Deus de nossa libertação dispendiosa. Sem essa promessa em nossos lábios e em nossos corações, toda obediência aos mandamentos que se seguem será um exercício de moralismo vazio. A primeira palavra é uma promessa de lealdade ao reino de Deus, aqui e agora.

Na terra como no céu

Lembra como tudo começou? No Éden, o primeiro mandamento foi perfeitamente validado e contou com obediência perfeita. Naquele refúgio puro, naquele breve interlúdio, não havia outros deuses diante de Deus. Os portadores da imagem carregavam sua imagem não diluída e sem mácula. Mas lealdades duplas surgiram do silvar da língua bifurcada da serpente. Adão e Eva sucumbiram à tentação de "Deus-e-preencha-a-lacuna", e a pura adoração do Éden foi perdida. Sentimos essa perda todos os dias — lutando por uma devoção integral, procurando obedecer da forma como nosso único Salvador nos ensinou e nos mostrou.

Um dia, seu reino virá em plenitude, assim na terra como no céu. Nesse dia, a lealdade integral e de todo o coração será totalmente restaurada. Na Nova Jerusalém, finalmente, não voltaremos a ter outros deuses diante dele. O apóstolo João descreve para nós como será esse refúgio final:

> A estrutura da muralha é de jaspe; também a cidade é de ouro puro, semelhante a vidro límpido. Os fundamentos da muralha da cidade estão adornados de toda espécie de pedras preciosas. [...] A cidade não precisa nem do sol, nem da lua, para lhe darem claridade, pois a glória de Deus a iluminou, e o Cordeiro é a sua lâmpada. (Ap 21.18-19, 23)

Essa é uma descrição muito atraente.[2] À primeira vista, parece que portões de pérolas, paredes incrustadas de pedras preciosas e estradas feitas de ouro estão ali para despertar nossa emoção de viver em um lugar no qual a opulência abunda em todos os níveis — um lugar tão esplêndido que ofusca o sol. Mas a descrição de João da Nova Jerusalém tem a intenção de nos dizer algo mais. Ela cita as coisas que mais estimamos nesta vida e as reduz ao nível do lugar-comum. Todos esses elementos — ouro, pedras preciosas, corpos celestes, governantes, coroas — são aquilo que os humanos adoraram ao longo da história, o material de nossas duplas lealdades. Esses são os ídolos deste mundo.

A Nova Jerusalém é um lugar do tipo "os últimos serão os primeiros", onde as coisas que exaltamos serão rebaixadas ao nível de seu valor real: como mero metal e pedra, como mera autoridade humana, como meras luzes criadas que se movem ao comando de seu Criador. É um lugar no qual metais e pedras preciosas são pisados como poeira comum da estrada, um lugar no qual nossas honras pessoais mais elevadas são lançadas aos pés de Deus, e as pessoas, os objetos e as instituições às quais atribuímos nossa adoração cairão de seus lugares elevados.

É um lugar cujos habitantes finalmente obedecem à primeira palavra: "Não terás outros deuses diante de mim". É o Éden restaurado.

Jesus, que guardou a primeira palavra em todos os sentidos, ensinou seus seguidores a orar para que o reino de Deus

---

[2] Partes do que se segue apareceram pela primeira vez em meu artigo "Heaven Shines, But Who Cares?", ChristianityToday.com, 20 ago. 2020. Disponível em: https://www.christianitytoday.com/ct/2018/september/wilkin-heaven-shines-but-who-cares.html.

viesse "assim na terra como no céu" (Mt 6.10). Por que esperar até a vida vindoura para contar como inútil o que Deus considera inútil? Por que esperar até a vida vindoura para estimar o que Deus estima? A primeira palavra nos convida para a abençoada realidade de nenhum outro deus agora. É nossa adoração não diluída que nos marca como seus filhos em uma geração corrupta e depravada.

Hoje é o dia de derrubar nossos ídolos de poder, riqueza, segurança e conforto. Agora é a hora de transformar em pó os deuses de nossos desejos pecaminosos. Viver esta vida sem apego às coisas da terra é antecipar a alegria indescritível de uma eternidade em que todo prazer terreno se curva ao prazer de estar de forma final e plena na presença do único Deus. Escolha neste dia a quem você servirá. Prometa sua lealdade.

Versículos para meditação
- Salmos 86.10-12
- Isaías 45.5
- Mateus 6.24
- Colossenses 3.5-10
- Tiago 1.6-8
- Apocalipse 15.4

Questões para reflexão
1. Antes de ler este capítulo, como você classificaria sua obediência ao primeiro mandamento? Depois de lê-lo, como você avaliaria a si mesmo? Que pensamento explica a mudança em seu diagnóstico?

2. Qual ídolo você está mais tentado a adorar ao lado de Deus? O que você espera controlar ou evitar com essa dupla lealdade?

3. Que comportamento pecaminoso atual você pode atribuir à adoração de algo ao lado de Deus? Como o esquecimento de sua dispendiosa libertação influencia a forma como você responde à tentação?

4. Na Introdução, observou-se que as leis nos ajudam a viver em comunidade. Como o primeiro mandamento ajuda os filhos de Deus a viver em comunidade uns com os outros? Como a mente dividida prejudica a comunidade cristã?

Escreva uma oração pedindo a Deus que o ajude a obedecer ao primeiro mandamento. Confesse onde você tem depositado lealdades duplas e adorado outros deuses de sua imaginação. Peça a ele para ajudá-lo a viver como cidadão de seu reino hoje e todos os outros dias. Louve-o porque ele é Deus incomparável. Agradeça a ele por sua dispendiosa libertação.

2
O Segundo Mandamento
Adoração não diminuída

"Não farás para ti imagem de escultura, nem semelhança alguma do que há em cima nos céus, nem embaixo na terra, nem nas águas debaixo da terra. Não as adorarás, nem lhes darás culto; porque eu sou o Senhor, teu Deus, Deus zeloso, que visito a iniquidade dos pais nos filhos até à terceira e quarta geração daqueles que me aborrecem e faço misericórdia até mil gerações daqueles que me amam e guardam os meus mandamentos."
Êxodo 20.4-6

Após uma breve declaração de que Deus — e somente Deus — deve ser adorado, o segundo mandamento entra em alguns detalhes sobre o poder e o perigo de fazer imagens. Ele proíbe exaustivamente a criação de uma imagem de qualquer coisa na criação de Deus — celestial, terrestre ou de qualquer outra natureza. Proíbe explicitamente a oferta de nossa adoração a qualquer coisa desse tipo, concluindo com uma advertência para as graves consequências que advêm disso.

O segundo mandamento retrata a adoração de ídolos como progressiva: não faça, não adore, não dê culto. Ele retrata a adoração de ídolos como contagiosa, causando problemas geração após geração, e retrata Deus como zeloso por sua glória: profundamente comprometido em ser adorado como merece. Seu ciúme é certo e justo, pois é inflamado pela negação do que é seu por direito. Seu amor constante é demonstrado aos obedientes.

Mas esse mandamento não é redundante? A idolatria já não foi explorada no primeiro mandamento? Enquanto a primeira palavra se referiu à idolatria em geral, a segunda agora aborda o tema de uma forma mais específica: não devemos fazer imagens de coisas criadas e adorá-las como o Criador. A segunda palavra nos ajuda a entender a relação entre imagens visíveis e um Deus invisível.

Deus define o que é adoração aceitável. Fazer uma imagem para representá-lo está fora dos limites, e por boas razões, como veremos. É importante notar que, ao quebrar a segunda palavra, mostramos que também quebramos a primeira. Ao exercermos o desejo de adorar a Deus de maneira contrária à sua ordem, colocamo-nos em seu lugar, tornando-nos Deus. Toda transgressão de uma das Dez Palavras começa pela transgressão da primeira: não ter outros deuses diante dele.

À primeira vista, parece fácil evitar a quebra do segundo mandamento. O que poderia ser mais simples que isso? Basta não talhar, nem pintar, nem esculpir nada, tampouco adorar qualquer coisa talhada, pintada ou esculpida, e ficaremos bem. Mas, assim como a primeira, a segunda palavra está nos chamando a uma obediência mais profunda, que nos pressionará a examinar o que significa reconhecer entre a verdade e a falsidade, entre as imagens precisas e as imprecisas e, finalmente, entre o portador da imagem e o gerenciamento da imagem.

Photoshop não é novidade

Se há algo onipresente nos salões do poder, certamente o gerenciamento de imagem está no topo dessa lista. Aqueles que ocupam posições de autoridade têm o cuidado de garantir que os vejamos à luz de sua escolha. Políticos que concorrem a um cargo escolhem suas roupas com cuidado, até mesmo o corte de um vestido ou a cor de uma gravata. Sempre foi assim. Embora incapacitado pela poliomielite, Franklin D. Roosevelt (FDR) exigiu que a imprensa não o fotografasse em uma cadeira de rodas, andando, entrando em seu carro ou se aproximando de um palanque.[1] O Serviço Secreto de FDR garantiu que ele mantivesse a imagem singular de força. Mas talvez nenhum outro governante tenha compreendido tão bem a importância do gerenciamento de imagem quanto a rainha Elizabeth I da Inglaterra.

Ascendendo ao trono aos vinte e cinco anos, ela governou por quarenta e quatro anos em um período de grande agitação política. Após três anos de reinado, a varíola a deixou com cicatrizes no rosto e calvície parcial pelo resto da vida. À medida que ia envelhecendo, perdeu tantos dentes que sua fala ficou prejudicada. Mas, nos retratos pintados que fizeram dela durante sua vida, ela é eternamente jovem e bela. Por

---

[1] Amy Berish, "FDR and Polio", Franklin D. Roosevelt Presidential Library and Museum website. Disponível em: https://fdrlibrary.org/polio/. Acesso em: 23 jul. 2020.

quê? Porque ela decretou que deveria ser assim. Seu secretário de Estado, Sir Robert Cecil, escreveu:

> Muitos pintores fizeram retratos da rainha, mas nenhum mostrou suficientemente sua aparência ou seus encantos. Portanto, Sua Majestade ordena que todos os tipos de pessoas parem de fazer retratos dela até que um pintor habilidoso tenha terminado um que todos os outros pintores possam copiar. Sua Majestade, entretanto, proíbe a exibição de quaisquer retratos que sejam feios, até que sejam melhorados.[2]

Um modelo de rosto foi desenvolvido, denominado "a Máscara da Juventude", e todos os retratistas foram obrigados a aderir a esse padrão. Em uma época em que a juventude feminina sugeria a fertilidade necessária para produzir um herdeiro, Elizabeth, de forma astuta, protegia seu domínio por meio de um cuidadoso gerenciamento de imagem.[3]

A abordagem de Deus em relação ao gerenciamento de imagem é bem diferente daquela dos governantes terrenos. Enquanto os governantes terrenos podem ser obrigados a usar uma máscara para proteger seu poder, nosso governante celestial rejeita todas as distorções de sua imagem como impedimento para ser adorado corretamente. A fim de preservar a realidade de suas perfeições, Deus decreta que nenhuma

---

[2] Meilan Solly, "What Did Elizabeth I Actually Look Like? This Artist Has a Suggestion", Smithsonian Magazine, 16 out. 2018. Disponível em: https://www.smithsonianmag.com/smart-news/what-did-elizabeth-i-actually-look-artist-has-suggestion-180970553/#3RR4yFjhVzS sL444.99.

[3] Amy Moore, "The Image of Power? Queen Elizabeth I and the 'Mask of Youth'", National Trust, 23 out. 2017. Disponível em: https://www.nationaltrust.org.uk/features/the-image-of-power-queen-elizabeth-i-and-the-mask-of-youth/.

imagem artificial sua seja feita, pois qualquer imagem serviria apenas para obscurecer ou diminuir nossa compreensão de como ele realmente é. Porque ele é infinito e invisível, qualquer representação finita e visível dele, em madeira, tinta ou gesso, pode apenas obscurecer nossa compreensão de sua verdadeira natureza. A versão de Deus em relação ao gerenciamento de imagem é que não deve haver imagens dele concebidas por mentes humanas ou criadas por mãos humanas, com vistas a preservar a realidade de suas perfeições.

Adorando uma mentira

O primeiro mandamento proíbe a adoração de qualquer coisa que *não seja* Deus, mas o segundo proíbe a adoração de qualquer versão de Deus *menor* que Deus, especificamente por meio de imagens. Recebemos uma lição objetiva sobre a perigosa tolice da "adoração a Deus menor que Deus" mesmo antes de o segundo mandamento ser gravado em pedra.

Surpreendentemente, no período entre o anúncio de Deus dos Dez Mandamentos e o momento em que Moisés desce do Sinai com eles gravados em tábuas de pedra, Israel decide quebrar o segundo mandamento. Como? Fazendo um bezerro de ouro e curvando-se a ele. Encontramos essa história em Êxodo 32.

Moisés é chamado ao topo do Sinai por Deus, mas, quando seu tempo lá se estende muito, o povo fica inquieto enquanto espera por seu retorno. Supondo que seu líder tenha sido engolido pelos trovões e pela fumaça do Sinai, eles exigem que Arão os faça deuses para "ir adiante" deles (Êx 32.1). Arão consente, coletando as joias de ouro que eles presumivelmente tinham acabado de tirar dos egípcios — ouro que Deus pretendia usar na construção de seu tabernáculo — e embarcando em um pequeno projeto de escultura:[4]

> Este [Arão], recebendo-as das mãos [do povo], trabalhou o ouro com buril e fez dele um bezerro fundido. Então, disseram: São estes, ó Israel, os teus deuses, que te tiraram da terra do Egito. Arão, vendo isso, edificou um altar diante dele e, apregoando, disse: Amanhã, será festa ao Senhor. No dia seguinte, madrugaram, e ofereceram holocaustos, e trouxeram ofertas pacíficas; e o povo assentou-se para comer e beber e levantou-se para divertir-se. (Êx 32.4-6)

Curiosamente, Arão parece conceber o bezerro de ouro como uma imagem de Yahweh, e não como uma divindade menor ou diferente.[5] Isso fica evidente na maneira como ele descreve e executa o dia da festa. Israel festeja e sacrifica diante de uma imagem que supostamente é a do único Deus verdadeiro. Mas o bezerro não pode ser isso. A imagem mente sobre quem Deus de fato é. Pense na enormidade da mentira que o bezerro de ouro conta:

> É pequeno, mas Deus é imenso.
>
> É inanimado, mas Deus é Espírito.
>
> É limitado ao local, mas Deus está em todos os lugares totalmente presente.
>
> É criado, mas Deus é incriado.
>
> É novo, mas Deus é eterno.

---

4 Êxodo 3.22; 12.35-36.
5 R. C. Sproul Jr. "You Shall Not Make for Yourselves a Carved Image", Tabletalk, 19 jun. 2018. Disponível em: https://www.ligonier.org/learn/articles/you-shall-not-make-yourselves-carved-image/.

É impotente, mas Deus é onipotente.
É destrutível, mas Deus é indestrutível.
É de menor valor, mas Deus é de valor infinito.
É cego, surdo e mudo, mas Deus vê, ouve e fala.

Essa imagem não é Yahweh. Isso é uma mentira. Mas é um tipo de mentira particularmente pernicioso, talvez o tipo mais comum de todos. Você já se perguntou por que Arão escolhe a imagem de um bezerro em vez de algum outro animal, como um pássaro ou um leão? Lembre-se de que Israel está em um espaço intermediário, recém-saído do Egito e a caminho de Canaã. Uma das principais divindades do Egito era o deus touro Ápis, e o chefe supremo do panteão cananeu era o deus touro El. A adoração de touros estava em alta naquela região. Mas é um bezerro de joelhos nodosos, não um touro enfurecido, que Arão fabrica. Quando Arão concebe um "Yahweh de sua própria imaginação", ele produz uma versão não ameaçadora e acessível dos principais deuses dos pagãos circundantes.

E nós também.

Sempre que tomamos os atributos dos deuses que o mundo ao nosso redor adora e os aplicamos a Deus para torná-lo mais palatável e menos ameaçador, mais complacente e menos trovejante, produzimos uma imagem esculpida. Talhamos sua transcendência, pintamos sua soberania e esculpimos sua onipotência, até que ele seja uma versão domesticada do terrível deus pagão ao qual nunca seríamos tão tolos a ponto de nos curvar.

Vejamos, por exemplo, o Deus do evangelho da prosperidade. Quem dentre nós adoraria a riqueza quando a Bíblia fala tão claramente desse ídolo perigoso, e quando vemos nossos vizinhos incrédulos passarem a vida perseguindo o todo-poderoso dólar, sem nunca se satisfazerem com ele? "Que evitemos esse caminho, Senhor", oramos. Mas, em vez disso, seguimos em frente e moldamos Yahweh em uma forma benigna e benevolente de Mamon. Quando nossas finanças estão apertadas, perguntamos: "Que falta de fé me reteve a generosidade de Deus?". Mas, quando nossas contas bancárias estão cheias, pensamos: "É porque minha fé agradou ao Senhor".

Ou talvez tenhamos rejeitado de todo o coração a salvação baseada em obras de outras religiões. O muçulmano ou o hindu podem procurar ganhar o favor de Deus por meio do comportamento moral, esforçando-se por toda a vida para obrigar Deus a aceitá-los. "Que evitemos esse caminho, Senhor", oramos. Mas, em vez disso, seguimos em frente e transformamos Yahweh em um deus que é obrigado a recompensar nossas escolhas sábias com bênçãos, que responde às nossas orações perfeitamente redigidas "em nome de Jesus", como lhe ordenamos. Quando nossas circunstâncias são sombrias, perguntamos: "Senhor, por quê? O que fiz para merecer isso?". Mas, quando os dias são ensolarados, pensamos: "É porque minha obediência agradou ao Senhor".

Ou talvez simplesmente tomemos o Deus da Bíblia e o tratemos de acordo com nossas preferências, enfatizando um de seus atributos (mais palatáveis) em detrimento dos outros. Falamos incessantemente de seu amor, mas silenciamos sobre sua ira. Meditamos em sua graça, mas evitamos contemplar sua justiça. Ou alardeamos sua justiça de forma seletiva, com o fim de atender às nossas agendas pessoais ou políticas. Talvez diminuamos sua natureza trina, escolhendo um membro da Trindade como nosso favorito em nossas orações, em nossos pensamentos, em nossa pregação e em nossos cânticos, esquecendo os outros dois. Nós o transformamos em um mascote para nossos próprios fins.

Expondo o bezerro de ouro

Um bezerro de ouro é um falso mestre: ele nos revela apenas Deus-*diminuído* — com uma torção de frase, uma lente embaçada ou uma ênfase equivocada. O antídoto para um falso ensino é o ensino verdadeiro. Se você me dissesse que o Grand Canyon tem apenas cinco quilômetros de largura, eu saberia que você está errado, pois eu estive lá e vi sua extensão. Se você me dissesse que a lua é feita de queijo, eu saberia que você está errado, pois a NASA fez um grande esforço para confirmar o contrário. Podemos ser exatamente como Israel, dispostos a adorar uma imagem de Deus que nunca poderá realmente mostrá-lo a nós. Mas não estamos sem recursos para obedecer ao segundo mandamento. O que acontece é que somos facilmente atraídos para uma crença errada sobre Deus quando não somos instruídos na crença correta sobre ele. Podemos identificar um falso ensino quando conhecemos a verdade.

Deus escolheu revelar-se por meio das Escrituras e de Cristo. Conhecemos a verdade sobre quem Deus é ao nos familiarizarmos com essa revelação, ao aprendermos a Bíblia e compararmos todos os ensinos à luz de sua palavra. E conhecemos a verdade sobre quem Deus é por meio de Cristo, o portador da imagem espiritualmente intacta. O falso ensino tem sido o naufrágio da fé de muitos. Mas a verdade lembrada é o caminho da vida. Devemos agarrar-nos à rocha da revelação divina como se nossas vidas dependessem disso, porque, sim, elas dependem.

Verdade lembrada, verdade vivida

Obedecer ao segundo mandamento é mais do que apenas lembrar a verdade e negar os falsos ensinamentos. É também viver na verdade. Quando olhamos para além do que o mandamento proíbe, para o que ele exorta, descobrimos que, afinal de contas, temos algumas lapidações a fazer.

Embora nenhuma criação da engenhosidade humana possa refletir fielmente a imagem de Deus, há uma criação da engenhosidade divina que pode. Gênesis 1.26-27 explica por que Deus proíbe fazer ídolos à sua imagem:

> Também disse Deus: Façamos o homem à nossa imagem, conforme a nossa semelhança; tenha ele domínio sobre os peixes do mar, sobre as aves dos céus, sobre os animais domésticos, sobre toda a terra e sobre todos os répteis que rastejam pela terra. Criou Deus, pois, o homem à sua imagem, à imagem de Deus o criou; homem e mulher os criou.

Deus — e somente Deus — tem permissão para fazer uma imagem esculpida de si mesmo. Ele o fez na humanidade. Não devemos fazer imagens de Deus porque nós mesmos portamos a imagem divina. Mas, por causa do pecado, fazemos isso de maneira diminuída. Ninguém é a imagem perfeita de Deus, exceto um: "Este é a imagem do Deus invisível, o primogênito de toda a criação" (Cl 1.15).

Mas, pelo poder do Espírito, a obediência alimentada pela graça nos remodela em semelhança fiel. À medida que vamos fazendo morrer o pecado, reduzimos o que não reflete Deus. À medida que vamos crescendo em nossa obediência, refazemos o que foi obscurecido. À medida que vamos cultivando a justiça interior, polimos a mancha que nos impede de irradiar a verdade do evangelho. E, quando olhamos para Cristo, imitando-o, começamos a ver restaurado o que o pecado diminuiu. Portar a imagem de Deus não significa que nos parecemos com ele em termos físicos, mas, sim, em termos espirituais — não para que outros possam nos adorar, mas para que possam adorá-lo.

Cristo, a perfeita imagem esculpida de Deus, "não tinha aparência nem formosura; olhamo-lo, mas nenhuma beleza havia que nos agradasse" (Is 53.2). Fisicamente, ele não é atraente, mas, espiritualmente, ele é o portador da imagem intacta. No entanto, somos consumidos pelas aparências externas. Obedecer à segunda palavra é deixar de adorar versões reduzidas de Deus e adorar a Deus em espírito e em verdade. Interiormente, nossos espíritos são renovados à sua imagem sempre que testemunhamos e obedecemos à verdade de sua palavra.

Na terra como no céu

No livro de Apocalipse, João descreve sua visão do fim de todas as coisas. Em vinte e dois capítulos, ele usa a frase "vi" trinta e três vezes. Ele vê candeeiros, taças, bestas, anciãos, dragões, cordeiros e cavaleiros montados em cavalos brancos. Podemos esperar que a linguagem de visão seja usada em um livro de profecia, mas ela ocorre mais vezes em Apocalipse do que em todos os livros proféticos do Antigo Testamento juntos. O ápice da "visão" de João ocorre no capítulo 21, passagem em que ele testemunha a descida da Nova Jerusalém e Deus sentado no trono, declarando que todas as coisas estão sendo feitas novas.

No dia em que Deus fizer novas todas as coisas, finalmente o veremos e, finalmente, o refletiremos à perfeição, como fomos criados para fazer. A hora de ver ainda não chegou. Nesta vida, seguimos o lema de que aqueles que não viram e, ainda assim, creram são abençoados.[6] *Nós o contemplaremos, face a face, em toda a sua glória.* Todas as versões menores dele que criamos, física ou mentalmente, serão derrubadas.

Até aquele momento em que o objeto da fé se tornar visível, devemos esforçar-nos para parecer com Cristo. Se tivermos de lapidar, que sejam cortes em nossos pecados de comissão. Se tivermos de esculpir, que sejam aparos em nossos pecados de omissão. As Dez Palavras nos mostram como viver na terra como no céu, conforme a imagem de Cristo, na condição de representantes de Yahweh. Elas são ferramentas para esculpir. Quanto mais lhes obedecemos, mais refletimos o caráter dele, de forma visível, para um mundo que tanto precisa de nós.

A segunda palavra nos compele a parar de adorar a imagem do Deus-*diminuído* e começar a nos tornar a imagem do Deus-*restaurado*. Quando tememos o Senhor, sem diminuí-lo, desenvolvemos amor, alegria, paz, longanimidade, benignidade, bondade, fidelidade, mansidão e domínio próprio.[7] Sua lei fica cada vez mais gravada em nossos corações. E nos tornamos as imagens esculpidas que ele nos criou para ser.

---

6 João 20.29
7 Gálatas 5.22-23.

Versículos para meditação
- Gênesis 1.26-27
- Salmos 115.2-8
- Romanos 8.29
- Colossenses 1.15-20
- Colossenses 2.6-10

Questões para reflexão

1. Antes de ler este capítulo, como você classificaria sua obediência ao segundo mandamento? Depois de lê-lo, como você avaliaria a si mesmo? Que pensamento explica a mudança em seu diagnóstico?

2. Que falso ensinamento você encontrou em primeira mão que diminui Deus? Como a Bíblia corrige esse falso ensinamento?

3. Qual atributo de Deus você está mais tentado a enfatizar? Qual você está mais tentado a diminuir? Qual motivo você pode discernir por trás dessas tentações?

4. Qual aspecto do gerenciamento de imagens externas você está mais propenso a ceder? Que aspecto da imagem interna mais demanda sua oração e sua atenção?

Escreva uma oração pedindo a Deus que o ajude a obedecer ao segundo mandamento. Confesse onde você tem falhado ao adorar uma versão diminuída dele. Peça-lhe para ajudar você a vê-lo claramente em sua palavra. Louve-o porque ele não pode ser contido ou descrito por nada feito por mãos humanas. Agradeça a ele por criar você à sua imagem.

3
O Terceiro Mandamento
Nome imaculado

*"Não tomarás o nome do Senhor, teu Deus,
em vão, porque o Senhor não terá por inocente
o que tomar o seu nome em vão."*

Êxodo 20.7

Vimos como a segunda palavra protege contra pensamentos reduzidos sobre o caráter de Deus. A terceira palavra nos levará ainda mais fundo na adoração correta. Se a segunda palavra proíbe *pensamentos* baixos ou descuidados sobre Deus, a terceira proíbe *palavras* baixas ou descuidadas sobre Deus. Assim como o segundo mandamento, à primeira vista o terceiro parece fácil de evitar: apenas não pragueje, certo? Ou dito de forma mais generosa (para aqueles que cedem à escolha eventual do termo quando batem o dedo do pé ou são cortados por outro veículo no trânsito), simplesmente não praguejem usando o nome de Deus. Simples assim. Vamos partir para o quarto mandamento.

Mas, como vimos com as duas primeiras palavras, a terceira nos aponta para além da obediência mínima, para a vida abundante. Se tudo o que estivesse em jogo fosse o uso literal do nome, poderíamos verificar a conformidade com a terceira palavra aplicando um autocontrole mínimo. Mas os nomes na Bíblia fazem mais do que apenas identificar um indivíduo. Aí está a chave para a obediência mais profunda da terceira palavra.

O que há em um nome?

Você sabe o que seu nome significa? Na cultura ocidental moderna, os pais costumam selecionar nomes para seus filhos com base na preferência pessoal. Damos aos nossos filhos o nome de um parente ou de uma pessoa significativa, ou de acordo com uma tendência popular, ou apenas porque gostamos da maneira como um nome soa. Posso falar sobre a tendência popular com algum grau de experiência, pois nasci em uma época agora chamada de "Epidemia de Jennifer", um período no qual meu nome reinou incontestável no topo da lista de nomes de meninas, sem que houvesse precedentes, por quatorze anos.[1] Nós, aquelas chamadas Jennifer, estamos em todos os lugares. E todas nós temos mais ou menos a mesma idade. Embora eu seja irlandesa, meu nome tem origem galesa, que significa "onda branca". Minha mãe não tinha ideia de seu significado quando me nomeou. Quando lhe perguntei o porquê da escolha, ela respondeu: "Gostei da sonoridade e não conhecia nenhum outro bebê chamado Jennifer".

Como se vê, havia apenas alguns outros (milhões).

Ao contrário das práticas atuais de nomenclatura, no antigo Oriente Próximo, a atribuição de um nome era

---

[1] Jen Gerson, "The Jennifer Epidemic: How the Spiking Popularity of Different Baby Names Cycle Like Genetic Drift", National Post, 26 jan. 2015. Disponível em: https://nationalpost.com/news/the-jennifer-epidemic-how-the-spiking-popularity-of-different-baby-names-cycle-like-genetic-drift/.

profundamente significativa. Um nome carregava um sentido do caráter da pessoa, fosse bom ou ruim. O nome "Jacó" significa, literalmente, "aquele que segura o calcanhar", mas, à medida que sua história vai-se desenvolvendo, seu nome se torna sinônimo da ideia de engano e de busca por controle. Em 1 Samuel, encontramos Nabal, cujo nome significa "insensato perverso", e ele é exatamente isso em suas relações com Davi e Abigail. O nome de Josué significa "Yahweh é a salvação", e ele representa bem seu caráter e propósito. É a raiz do nome *Jesus*.

Então, o que a Bíblia quer dizer quando fala do "nome do Senhor"? Sempre que ouvimos falar do "nome do Senhor" em um versículo ou passagem, podemos substituir por "o caráter do Senhor". O nome de Deus representa a soma total de seu caráter. Ele é santo, amoroso, justo, compassivo, onipresente, onipotente, soberano, gracioso, misericordioso, paciente, infinito e bom. Orar "em nome do Senhor" é orar de acordo com seu caráter. Invocar o nome do Senhor é pedir a Deus que aja de acordo com seu caráter. Abrigar-se no nome do Senhor é depositar nossa confiança em quem ele é. Ser batizado em nome do Senhor é identificar-se com seu caráter como nossa salvação, nossa força e nossa nova identidade.

Fazer mau uso do nome do Senhor — tomar seu nome em vão — é deturpar o caráter de Deus. A NIV [New International Version] diz o seguinte: "Não farás mau uso do nome do Senhor, teu Deus".[2] O sentido geral do hebraico é que não devemos "elevar" o nome de Yahweh à falsidade.[3]

---

[2] Tradução livre para o português da versão bíblica de língua inglesa NIV.
[3] Bruce K. Waltke, *An Old Testament Theology: An Exegetical, Canonical, and Thematic Approach* (Grand Rapids, MI: Zondervan, 2008), p. 419.

Não devemos associar o nome de Deus à falsidade sobre seu caráter. Fazer isso abusa de sua reputação para atender aos nossos próprios fins, fala dele ou para ele sem precisão ou o devido respeito e lhe dá crédito por ações egoístas praticadas em seu nome. Fazer mau uso do nome de Deus é cometer um ato de difamação contra o próprio Yahweh.

Fazemos isso, muitas vezes sem pensar, por meio de padrões cotidianos de fala, usando o nome do Senhor com inconsistência, atribuição indevida, falas vazias e informalidade.

O pecado da inconsistência

Você já fechou uma história com "eu juro, foi exatamente isso que aconteceu"? Você já atrasou um prazo e disse: "Juro que vou terminar até sexta-feira"? Quando tememos que um déficit seja percebido em nosso caráter ou em nossa determinação, tendemos a reforçar nossas palavras fazendo juramentos. No Sermão do Monte, Jesus observa e corrige essa tendência de aumentar a credibilidade de nossas frágeis palavras apelando para um poder superior como testemunha:

> Também ouvistes que foi dito aos antigos: Não jurarás falso, mas cumprirás rigorosamente para com o Senhor os teus juramentos. Eu, porém, vos digo: de modo algum jureis; nem pelo céu, por ser o trono de Deus; nem pela terra, por ser estrado de seus pés; nem por Jerusalém, por ser cidade do grande Rei; nem jures pela tua cabeça, porque não podes tornar um cabelo branco ou preto. Seja, porém, a tua palavra: Sim, sim; não, não. O que disto passar vem do maligno. (Mt 5.33-37)

As palavras de Jesus no Sermão do Monte expandem a compreensão de seus ouvintes de um mandamento já dado a eles em Levítico 19.12: "nem jurareis falso pelo meu nome, pois profanaríeis o nome do vosso Deus. Eu sou o Senhor". Jesus indica que profanamos o nome de Deus não apenas quando juramos com frases como "Assim como Deus é minha testemunha" ou "Juro por Deus", mas sempre que usamos um juramento de qualquer tipo para aumentar a credibilidade. Jesus afirma que os filhos de Deus devem ser tão conhecidos por sua integridade em todas as suas palavras e tratos que nenhuma palavra adicional seja necessária além do nosso sim ou do nosso não. Não há necessidade de chamar Deus para testemunhar nossas palavras; o Deus do céu e da terra é testemunha de cada palavra que falamos. De fato, ele as conhece todas antes de serem formadas em nossas línguas, e nós daremos conta de cada uma delas (Sl 139.4; Mt 12.36-37).

Em vez disso, devemos declarar nossos compromissos e cumpri-los. Quando falamos com integridade, cumprimos o terceiro mandamento. Representamos um Deus verdadeiro e fiel com precisão em nosso discurso verdadeiro e em nossa fidelidade em fazer o que afirmamos que faremos.

O pecado da atribuição indevida

Se o pecado da inconsistência é obter legitimidade para o que prometemos fazer, o pecado da atribuição indevida é obter legitimidade para o que estamos fazendo ou fizemos. Fazemos nosso próprio plano e o executamos em nome de Deus, negociando com sua reputação a fim de obter apoio para a direção que planejamos. Batizamos agendas humanas com endosso celestial. Ou, para usar a expressão comum, "passamos um verniz de Deus".

A história está repleta de exemplos em grande escala de cristãos que usam Deus e a Bíblia para justificar suas próprias agendas. A chamada "maldição de Cam", de Gênesis 9.18-27, tem sido mal utilizada pelos cristãos para justificar tanto a perseguição aos muçulmanos como a escravidão africana.[4] As Cruzadas da Idade Média foram igualmente batizadas com teologia desonesta para justificar uma expansão política de poder e território.

Mas agressões contra a reputação de Deus são proferidas em seu nome em menor escala regularmente. Seus planos foram confrontados por um conselho sábio? Apenas responda a eles que "Deus disse a você" que essa era a direção a tomar. Não está interessado em aceitar uma oportunidade de ministério? Apenas diga que você precisa orar sobre isso e, alguns dias depois, diga que sentiu o Senhor chamando você em outra direção. Precisa dar uma força à sua visão política? Certifique-se de anexar a palavra *bíblica* a ela, de uma forma que implique que todas as outras posições não o são. O pecado da atribuição indevida é a cortina de fumaça perfeita, apresentando-se como piedade e humildade, ao mesmo tempo que mascara o orgulho e a hipocrisia.

Os cristãos também cometem o pecado da atribuição indevida quando falam da bênção de Deus apenas em termos de eventos positivos. Tendemos a atribuir a luz do sol a Deus; e a tempestade, a Satanás. Mas, em Gênesis 50,

---

4 Felicia R. Lee, "From Noah's Curse to Slavery's Rationale", *The New York Times*, 1º nov. 2003. Disponível em: https://www.nytimes.com/2003/11/01/arts/from-noah-s-curse-to-slavery-s--rationale.html.

José nos dá um exemplo de obediência ao terceiro mandamento. Sem dúvida, o tratamento que recebeu das mãos de seus irmãos foi injusto e, sim, satânico, mas, em retrospectiva, refere-se à soberania de Deus como o meio de trazer bênçãos inclusive a partir de terríveis provações: "Vós, na verdade, intentastes o mal contra mim; porém Deus o tornou em bem" (Gn 50.20).

Mas talvez a forma mais assustadora de atribuição indevida seja quando culpamos Deus por nosso próprio pecado. Assim como Adão atribuiu seu gosto por frutas à "mulher que *tu me deste*", nós também podemos atribuir indevidamente nossa culpa a Deus.[5] Essa família que o *Senhor me deu* faz minha raiva aumentar. Este trabalho que o *Senhor me deu* me leva a negligenciar meus relacionamentos. Esta casa que o *Senhor me deu* me deixa tentado a gastar dinheiro de forma leviana. Este corpo que o *Senhor me de*u alimenta meu orgulho ou minha autoaversão.

Em vez de atribuirmos indevidamente e bancarmos os vice-reis ou as vítimas de Deus, devemos assumir a responsabilidade por nossas decisões. Quando nossas palavras e nosso caráter demonstram claramente a sabedoria divina, não precisamos dizer "assim diz o Senhor" para lhes conferir força adicional. Quando reconhecemos a soberania de Deus por trás tanto de nossos altos como de nossos baixos, falamos da forma como a Bíblia fala. Representamos com precisão um Deus justo ao afirmar tanto a responsabilidade humana pelo pecado como a soberania divina sobre todas as coisas, boas e más.

---

5 Gênesis 3.12.

O pecado da fala vazia

Também podemos usar mal o nome do Senhor falando palavras sagradas enquanto vivemos vidas vazias. Quando pregamos um código moral que nós mesmos não nos esforçamos para guardar, tornamo-nos como aqueles que Jesus criticou tão duramente durante seu ministério — um povo que honra a Deus com seus lábios, mas cujo coração está longe dele.[6] Assim é o pai que exige que seu filho lhe peça desculpas, mas que nunca pede, ele próprio, desculpas por seus próprios erros. É o mentor que dispensa sabedoria divina a um crente mais jovem que ele mesmo não aprendeu a empregar. É a mulher entoando canções de louvor a plenos pulmões, de olhos fechados e mãos estendidas, mas que não abre sua Bíblia há meses. É o homem que ora publicamente com grande piedade e eloquência, mas cuja vida privada de oração é inexistente. É o recepcionista na porta da frente da igreja sorrindo largamente e apertando mãos, que, mais cedo naquela manhã, repreendeu sua família por ser lenta para entrar no carro. É o pregador que exorta outros a se arrependerem enquanto ele mesmo abriga um coração impenitente.

Em cada um desses casos, a pessoa usa palavras para indicar um relacionamento com Deus que é impreciso. Identificam-se com seu nome, mas não com sua natureza. São aqueles a quem Jesus pergunta: "Por que me chamais 'Senhor, Senhor' e não fazeis o que vos mando?".[7] Com sua voz, clamam "Senhor, Senhor", mas em seus corações não o colocam como tal.

Se é verdade que, do transbordamento do coração, a boca fala (Lc 6.45), então o pecado da fala vazia não é retificado pelo

---

[6] Mateus 15.8.
[7] Lucas 6.46.

controle de nossas palavras. Em vez disso, é retificado pela purificação de nossos corações. O arrependimento aplica a graça de Cristo à nossa tendência de usar palavras para encobrir o verdadeiro estado de nossos corações. E essa graça nos ensina a dizer não à impiedade (Tt 2.12). Tornamo-nos um povo que escolhe o silêncio no lugar da hipocrisia quando nos sentimos tentados a dar a aparência de piedade com nossas palavras. Algumas vezes, o meio mais eficaz de preservar o nome do Senhor do uso indevido é abster-se de falar. No mínimo, esforçamo-nos conscientemente para evitar que nosso discurso ultrapasse nossa santificação. Representamos com precisão um Deus santo quando pregamos apenas o que praticamos.

O pecado da informalidade

Talvez a forma mais comum de mau uso do nome do Senhor em nosso tempo seja aquela que deixei para o final: falar desrespeitosamente sobre Deus ou para ele, sucumbindo à informalidade.

Um dos meus filmes favoritos é *Meu querido presidente*, uma das primeiras contribuições de Aaron Sorkin para ajudar os americanos a imaginar como deve ser a vida privada de um presidente dos Estados Unidos. Em uma cena, A. J. MacInerny, o ministro-chefe da Casa Civil da Casa Branca, está envolvido em uma discussão privada com o presidente Andrew Shepherd, um homem que é seu amigo de longa data. Repetidas vezes, A. J. prefacia seus comentários com as palavras "Sr. Presidente". Por fim, Shepherd o repreende, dizendo que, em particular, ele pode chamá-lo por seu primeiro nome: "Você foi padrinho do meu casamento, faça-me o favor! Me chame de Andy".

Ao que A. J. responde: "O que você disser, Sr. Presidente".

O que impressiona o espectador é quão estranha a recusa de A. J. soa à primeira vista. Vivemos em uma cultura cada vez mais informal em suas práticas sociais. As roupas no trabalho, na igreja e na escola tornaram-se mais casuais. Os convites de casamento são menos formais. As notas de agradecimento agora são enviadas por e-mail ou mensagem de texto. A maneira como nos dirigimos uns aos outros também se tornou mais casual. Meu marido não chama seu chefe de "Sr. Whitmire" — ele o chama de Gary. As crianças raramente são treinadas para se dirigir aos adultos como "senhor" ou "senhora". Estamos cada vez mais usando o primeiro nome com todos. Então, quando A. J. se recusa a chamar seu amigo próximo pelo primeiro nome, somos surpreendidos. Certamente seu relacionamento pessoal anularia seu dever a usar respeitosamente o título, não é mesmo?

Mas A. J. reconhece a santidade do ofício de presidente como algo que suplanta seu relacionamento pessoal com o homem que ocupa esse cargo. A. J. também entende que eventual diminuição no reconhecimento da posição de autoridade de seu amigo comprometeria sua capacidade de servir ao presidente como deveria. Ele não abrirá mão do título de respeito. Ou, você pode dizer, ele não fará mau uso do nome do presidente.

Há uma aplicação aqui para o seguidor de Cristo. É comum, nos ambientes cristãos, referir-se ao Filho de Deus apenas por seu nome, Jesus:

"Estamos todos reunidos aqui hoje para adorar a Jesus."

"Jesus é tudo de que preciso."

"Jesus mudou meu coração."

Mas, curiosamente, esse padrão de linguagem está ausente do Novo Testamento. Os autores do Novo Testamento usam "Jesus" para falar da pessoa histórica, particularmente quando se dirigem aos incrédulos. Em Atos, os discursos de Estêvão, Paulo e Pedro são bons exemplos disso. Os autores dos Evangelhos usam o nome Jesus por si só para contar a história da encarnação. Mas aqueles que interagem com ele nas narrativas do Evangelho sempre se referem a ele como "mestre" ou "Senhor". Apenas uma vez nos Evangelhos alguém se dirige a ele simplesmente como "Jesus de Nazaré" — um grupo de demônios que, com o mesmo fôlego, reconhece sua divindade (Mc 1.24; Lc 4.34).

Em todas as vinte e uma Epístolas, há apenas vinte e oito referências a ele simplesmente como "Jesus" e 484 referências pelo título "Senhor" ou "Cristo". Em surpreendentes noventa e cinco por cento das passagens em que ele é mencionado, as referências são feitas por um título de respeito.[8] Mas nós tendemos a chamá-lo apenas de Jesus. Nosso uso frequente de seu nome próprio indica falta de respeito? Certamente vale a pena nos questionarmos a esse respeito.

Não perca isso de vista: um título "formal" de referência é assim porque é, em certo sentido, *formativo*. Ao nos referirmos a outros com um título formal, nossa concepção de quem eles são está, de alguma maneira, sendo formada. Pensamos de forma diferente sobre alguém que chamamos de "Sr. Presidente" em relação a alguém que simplesmente chamamos de "Andy". Uma professora do segundo ano

---

[8] Esta é minha própria pesquisa. Certa vez, passei uma tarde inteira contando esses usos e anotando-os em uma planilha. Sim, eu provavelmente preciso de um passatempo. Minhas contagens podem estar erradas em uma ou duas unidades, mas estão bem próximas do real.

que diz a seus alunos "apenas me chamem de Susan" pode descobrir que o desejo de ser familiar em vez de formal eventualmente resultará em falta de respeito por sua autoridade. Empregar o título formal reforça a consciência do respeito devido ao seu detentor.

Os autores do Novo Testamento têm o cuidado de conceder ao nosso Senhor e Salvador a reverência que lhe é devida. Devemos prestar atenção a isso, pelo bem de nossas almas. Desfrutamos amizade e intimidade com Cristo, mas não compartilhamos igualdade com ele. Ele não é nosso colega. Reconhecer que ele está assentado, mesmo agora, à destra de Deus Pai significa falar dele e para ele com respeito, segundo o padrão das Escrituras.

O próprio Cristo entendeu isso quando nos ensinou a dirigir nossas orações ao santo e real nome de nosso Pai no céu. A cada repetição, reforçamos nossa consciência da supremacia de Deus e do privilégio de relacionamento com ele. Essas são coisas que não quero esquecer, embora eu seja propensa ao esquecimento. Se a linguagem formal é formativa, cada vez que pronunciamos um título formal para o Pai, o Filho ou o Espírito, praticamos uma pequena liturgia que é boa para nossas almas. E guardamos a terceira palavra. Representamos com precisão um Deus transcendente quando reverenciamos seu nome.

Tido por inocente

"O Senhor não terá por inocente o que tomar o seu nome em vão." Eu adoraria se essa parte pudesse ter sido deixada de fora do terceiro mandamento, porque eu sou culpada. Tão culpada quanto a água é molhada. Sou a rainha da inconsistência, a perita da atribuição indevida, a virtuosa da retórica e a adoradora da informalidade. Além disso tudo, sou conhecida por proferir um ou dois palavrões em momentos de fraqueza. Não sou de forma alguma inocente. Tenho feito mau uso do nome. Eu falei palavras ruins.

Mas minha culpa é removida pelo sangue daquele que fala palavras melhores. Quando Cristo Jesus proclamou as boas-novas da água viva, os oficiais do templo que foram enviados para prendê-lo se maravilharam, dizendo: "Jamais alguém falou como este homem!" (Jo 7.46). Tampouco foi encontrado engano em sua boca. Nenhuma inconsistência de discurso, nenhuma atribuição indevida, nenhuma fala vazia, nem apelações baixas. O Verbo feito carne guardou a terceira palavra e santificou o nome. Ele ainda está fazendo isso. Olhamos para ele como nosso portador de culpa e nosso exemplo. Somos seu povo, chamados pelo seu nome. Oramos para que seja dito de nós como foi dito dele: "Bendito o que vem em nome do Senhor!".[9]

Na terra como no céu

Está chegando o dia em que esse nome será devidamente santificado. Todo joelho se dobrará no céu, na terra e debaixo da terra, e toda língua o confessará.[10] Será escrito na testa dos fiéis que cercam o Cordeiro, que cantam juntos:

> Quem não temerá e não glorificará o teu nome, ó Senhor?
> Pois só tu és santo; por isso, todas as nações virão e adorarão diante de ti, porque os teus atos de justiça se fizeram manifestos. (Ap 15.4)

---

9 Mateus 21.9.
10 Filipenses 2.10-11

Mas não temos de esperar até esse dia para responder com ampla obediência à terceira palavra. Na verdade, não ousamos, pois muita coisa está em jogo. Não basta abster-se de profanar. Devemos esforçar-nos para santificar. Quando oramos como fomos ensinados: "Pai nosso, que estás nos céus, santificado seja o teu nome", repetimos com a igreja universal e histórica que o reino vem quando seus cidadãos confessam a supremacia de seu Deus. Quando o nome de Deus é santificado em nossos lábios e em nosso viver, nós o refletimos corretamente para um mundo profano. Brilhamos como estrelas em meio a uma geração corrupta, e quem sabe alguém será atraído por essa luz? Não há salvação por nenhum outro nome. Viva como quem é marcado por ele. Deixe que todos os outros nomes sejam esquecidos, e que este perdure. Deixe todos os outros nomes afundarem na escuridão, e este brilhar como o sol do meio-dia.

Versículos para meditação
- Mateus 5.33-37
- Mateus 6.9
- Filipenses 2.9-10
- Apocalipse 14.1
- Apocalipse 15.4

Questões para reflexão
1. Antes de ler este capítulo, como você classificaria sua obediência ao terceiro mandamento? Depois de lê-lo, como você avaliaria a si mesmo? Que pensamento explica a mudança em seu diagnóstico?

2. Como sua compreensão da significância do nome do Senhor se expandiu?

3. Quais pecados do uso indevido do nome de Deus você está mais propenso a cometer (inconsistência, atribuição indevida, falas vazias ou informalidade)? Que problema de coração pode estar causando esse padrão de mau uso?

4. Quais situações mostram maior probabilidade de induzi-lo a fazer mau uso do nome do Senhor? Como você poderia mudar sua resposta típica, tanto a resposta do coração como a resposta verbal?

Escreva uma oração pedindo a Deus que o ajude a obedecer ao terceiro mandamento. Confesse onde você tem falhado ao usar suas palavras para difamar ou diminuir o nome dele. Peça-lhe para ajudá-lo a falar dele e para ele como a Bíblia faz. Louve-o porque a Cristo foi dado o nome acima de todos os nomes. Agradeça a ele por chamá-lo pelo nome dele.

4
O Quarto Mandamento
Descanso desimpedido

> *"Lembra-te do dia de sábado, para o santificar.*
> *Seis dias trabalharás e farás toda a tua obra. Mas o sétimo*
> *dia é o sábado do Senhor, teu Deus; não farás nenhum*
> *trabalho, nem tu, nem o teu filho, nem a tua filha, nem o teu*
> *servo, nem a tua serva, nem o teu animal, nem o forasteiro*
> *das tuas portas para dentro; porque, em seis dias, fez o*
> *Senhor os céus e a terra, o mar e tudo o que neles há e,*
> *ao sétimo dia, descansou; por isso, o Senhor abençoou*
> *o dia de sábado e o santificou."*
> Êxodo 20.8-11

Nas primeiras linhas das Dez Palavras, Deus levou seu povo a um ato de recordação: "Eu sou o Senhor, teu Deus, que te tirei da terra do Egito" (Êx 20.2). Ele os lembrou de seu braço poderoso, que os libertara apenas cinquenta dias antes. Na quarta palavra, o conceito de lembrar é introduzido novamente, e dessa vez de forma explícita: "Lembra-te do dia de sábado, para o santificar". Mas agora a tarefa é relembrar uma memória antiga, e não uma recente. No preâmbulo dos Dez Mandamentos, Deus lembra a Israel que ele é seu libertador. No quarto mandamento, Deus lembra a Israel que ele é seu Criador.

Em vez de apelar para a recente identidade deles como escravos, Deus apela, aqui, para sua identidade básica como portadores da imagem. A prática de lembrar o Shabat exige que Israel (e nós) lembre o que Deus ordenou a seus filhos desde os primeiros momentos da existência humana: um padrão de trabalho seguido de descanso, conforme estabelecido no relato da criação, em Gênesis 1 e 2. Lembre-se, diz a quarta palavra, que a história do ato criativo de Deus termina com descanso. O povo de Deus reflete sua imagem quando observa o descanso após o trabalho, tanto participando dele como proporcionando-o aos outros.

Como é bom o Deus de Israel, que ordena o descanso! Como Israel bem sabia, os deuses do Egito e de Canaã exigiam trabalho sem descanso e oferendas incessantes para garantir seu favor. Mas não Yahweh. Na ordem para cessar, Deus se distingue das divindades pagãs dos vizinhos anteriores e futuros de Israel. Na quarta palavra, Deus responde à seguinte pergunta: "Quem é como Tu, ó Deus, entre as nações?" com um inequívoco "Ninguém".

Uma obediência expansiva

O mandamento do Shabat é o mais longo e detalhado dos dez, e também o mais mencionado no Antigo Testamento. Parece que o chamado ao descanso demanda ênfase e reiteração.

Mas como esse mandamento deve ser observado hoje? Será que ele requer, como foi para Israel, que um dia específico em sua totalidade seja reservado ao descanso? A controvérsia sobre essa questão tem durado séculos, e as fortes opiniões são numerosas. Em vez de tentar resolver o dissenso, nossa discussão se concentrará no que todos podemos concordar em tese: que um bom Deus ordenou ritmos regulares de descanso para aqueles que o adoram.

Uma perspectiva mínima sobre a obediência pode contentar-se em traçar linhas precisas do que pode e do que não pode ser feito em determinado dia da semana. Assim era o coração do fariseu, com suas exigências sobre quantos passos poderiam ser dados ou se um grão de trigo poderia ser colhido no Shabat. Mas o coração do seguidor de Cristo é atraído para uma obediência expansiva, perguntando: "Como posso praticar o Shabat de maneira mais ampla e profunda?".

Luz na escuridão

Em 1879, o mundo moderno mudou para sempre com uma patente emitida para a invenção de um filamento de carbono feito de "fio de algodão e linho, lascas de madeira, papéis espiralados de várias maneiras", processo que, após pequenos ajustes, lançaria, no ano seguinte, uma empresa dedicada à produção comercial da lâmpada elétrica.[1] A Edison Electric Company oferecia a seus clientes uma alternativa mais segura, limpa e barata à luz a gás e, quando a energia elétrica passou a substituir o gás, gradativamente, nas residências e fábricas, pela primeira vez na história humana o trabalho não se limitava mais ao período entre o nascer e o pôr do sol. Com sua declaração moderna de "Haja luz", Thomas Alva Edison convidou a humanidade para um mundo que nunca dorme.

---

1 "History of the Light Bulb: Lighting Basics", Bulbs.com. Disponível em: https://www.bulbs.com/learning/history.aspx. Acesso em: 21 jul. 2020

O próprio Edison acreditava que dormir era perda de tempo. Ele era conhecido por trabalhar mais de cem horas por semana, realizar entrevistas de emprego às quatro da manhã e insistir que seus funcionários seguissem a mesma agenda insone dele próprio. Ele aderiu e promoveu uma filosofia de que o descanso era inimigo da produtividade, afirmando, em 1914, que "não havia realmente razão alguma para os homens irem para a cama em qualquer momento que fosse".[2] Parece que sua visão de uma humanidade insone se concretizou, pois os Centros de Controle e Prevenção de Doenças declararam uma epidemia de privação do sono entre os americanos.[3] Embora o "Haja luz" de Edison talvez nos tenha levado à falta de descanso, o Criador divino que proferiu "Haja luz" declara de forma benevolente e incisiva: "Que haja descanso!".

Se o terceiro mandamento nos incumbiu de honrar a Deus com nossas palavras, o quarto nos incumbiu de honrar a Deus com nosso tempo. Assim como o modo que usamos nossas palavras revela de que forma vemos a Deus, o mesmo acontece com a forma como gastamos nosso tempo. Nossos padrões de trabalho e descanso revelam o que acreditamos ser verdade sobre Deus e sobre nós mesmos. Somente Deus não exige limites em sua própria atividade. Descansar é reconhecer que nós, humanos, somos limitados por concepção. Somos criados para o descanso com a mesma certeza de que somos criados para o trabalho. Eventual incapacidade ou

---

[2] Olga Khazan, "Thomas Edison and the Cult of Sleep Deprivation", The Atlantic, 19 maio 2014. Disponívl em: https://www.theatlantic.com/health/archive/2014/05/thomas-edison-and-the-cult-of-sleep-deprivation/370824/.
[3] Julia Rodriguez, "CDC Declares Sleep Disorders a Public Health Epidemic", Advanced Sleep Medicine Services, Inc., 09 dez. 2016. Disponível em: https://www.sleepdr.com/the-sleep-blog/cdc-declares-sleep-disorders-a-public-health-epidemic/.

indisposição de suspender nossos trabalhos é uma confissão de incredulidade, a admissão de que vemos a nós mesmos como criadores e sustentadores de nosso próprio universo. Tal como aconteceu com Edison, esse pensamento equivocado não nos torna livres, mas escravizados à nossa ambição e escravizadores daqueles a quem empregamos para alcançá-la.

Precisamos do mandamento do Shabat. Mas será que entendemos o que ele requer?

Todo descanso é descanso sabático?

Nossa concepção moderna do Shabat é muitas vezes pouco mais do que "tirar um dia de folga" com o propósito de relaxar. Mas o verdadeiro descanso sabático é estabelecido como santo: destina-se tanto à *adoração* como ao bem-estar. A quarta palavra faz mais do que nos dizer para relaxar. O descanso sabático é distinto da ociosidade (descansar sem trabalhar primeiro) e diferente de apenas ter dormido o suficiente. A palavra *shabat* significa "cessar". Fazer o Shabat é cessar a atividade com o propósito de lembrar a provisão de Deus, para que possamos adorá-lo da forma devida. Estar bem descansado e cuidar de nós mesmos são coisas boas, mas, na melhor das hipóteses, consistem em obediência tênue ao quarto mandamento.

Mais do que a cessação deliberada do trabalho com o propósito de aliviar a pressão, o Shabat é a cessação deliberada de qualquer atividade que possa reforçar minha crença em minha própria autossuficiência. Em contraste com as ideias culturais de descanso identificadas como autocuidado, o descanso sabático é marcado pela abnegação.[4] Exige que

---

4 Mason King, "Entering God's Rest", The Village Church, set. 2009. Disponível em: https://www.tvcresources.net/resource-library/sermons/entering-gods-rest.

neguemos a nós mesmos o ganho material ou a sensação de realização que um dia de trabalho traz. Nossa inclinação natural é acreditar que estamos mantendo o mundo girando em seu eixo, uma mentalidade que alimenta a ética de trabalho incessante. O Shabat ameaça essa mentalidade. Não é apenas o descanso que restaura, mas o descanso que reorienta. Ele nos faz lembrar que não somos Deus. E, se o negligenciarmos, como Edison, certamente nos desviaremos para o tipo de trabalho que escraviza.

Indo do Shabat à escravidão

Ao pé do Sinai, quando as Dez Palavras foram dadas, ninguém era rico ou bem-sucedido. Todos eram escravos recém-libertados aprendendo a viver em sua nova liberdade. Qualquer riqueza que possuíam lhes fora dada ao partirem apressadamente, e estava designada para a construção do tabernáculo. Quarenta anos depois, quando Moisés reafirmasse as Dez Palavras para uma nova geração de israelitas, ele fundamentaria o mandamento do Shabat não na história da criação, mas na história do Êxodo:

> Porque te lembrarás que foste servo na terra do Egito e que o Senhor, teu Deus, te tirou dali com mão poderosa e braço estendido; pelo que o Senhor, teu Deus, te ordenou que guardasses o dia de sábado. (Dt 5.15)

A caminhada de quatro décadas teria iniciado o processo de esquecimento no coração do povo de Deus. Deus sabia que não tardaria muito para que a construção de riquezas tivesse início dentro de Israel. Em pouco tempo, haveria os que têm e os que não têm. Cada vez mais, eles sentiriam a atração de retornar a um jugo de escravidão — dessa vez, a autoinfligida escravidão do ganho próprio. Portanto, antes que o fardo de acumular riquezas e a tentação de lucrar sobre os vulneráveis ali presentes os afligissem, Deus dá uma ordem protetora: Eu, o Senhor, lhe dei descanso das mãos de seu opressor. Não se torne você mesmo o opressor.

Quão impensável e, ainda assim, quão possível é que aqueles cujos pais conheceram a subjugação para o ganho dos faraós pudessem, apenas uma geração depois, tornar-se subjugadores de outros por causa da riqueza material. Quão impensável e, ainda assim, quão provável é que aqueles cujos pais tiveram o descanso de qualquer tipo negado pudessem vir a negar descanso para si mesmos e para aqueles que estivessem sob seus cuidados. Aqui estamos nós, muitas gerações depois. Quanto mais ainda precisamos desse lembrete?

Mito: o descanso sabático é uma escolha individual

Embora todos os mandamentos tenham algum aspecto comunitário, o quarto é o primeiro a mencionar, de forma explícita, outros como beneficiários de nossa obediência. Família, servos, animais e qualquer pessoa ligada à família de Deus, cujo trabalho podemos ser tentados a empregar para garantir nosso próprio descanso, estão protegidos sob o mandamento do Shabat. A conexão é clara: cesse seu trabalho para que outros possam cessar o deles também.

Aqui, novamente, vemos que obedecer ao mandamento do Shabat implica abnegação: procuramos negar a nós mesmos a facilidade, ou a provisão, gerada pelo trabalho dos outros. Se o trabalho de outra pessoa garante nosso descanso, é mais do que provável que estejamos desfrutando o descanso do privilégio, mas não o do Shabat. Se descanso enquanto observo alguém cortar minha grama, ou pintar meus dedos dos pés, ou preparar minha comida, estou desfrutando um tipo de descanso, mas posso não estar fazendo o Shabat. O verdadeiro descanso sabático se estende para além daquele que está descansando, em direção àqueles que podem ser solicitados a trabalhar em seu favor. Meu descanso sabático não deve criar ou envolver trabalho para outros na família de Deus, e deve ser consciente ao exigir trabalho para aqueles que estão fora dela.

Assim, a comunidade está em jogo no quarto mandamento. Não existe pecado não comunitário, e não existe obediência não comunitária. Quebrar um mandamento prejudica mais do que quem o quebra. Obedecer-lhe ajuda tanto quem obedece como a comunidade como um todo. O mandamento para descansar reconhece essa relação. O pecado pessoal sempre resulta em danos colaterais. Se a pessoa responsável trabalha sem descanso, também nega descanso àqueles que estão sob seu comando. Todo mundo perde. A obediência pessoal sempre resulta em benefício colateral. Se a pessoa responsável deixar de trabalhar e convidar aqueles que estão sob seu comando a fazê-lo também, todos ganham.

Assim, a observância do Shabat não é apenas uma questão de lazer pessoal ou de autocuidado, mas de justiça. É um nivelador social, um período no qual os grandes e pequenos gozam da mesma medida de favor. Se fielmente empregado, previne a exploração. Seja empregador ou empregado, pai ou filho, todos participam do dom de descansar na provisão de

Deus e redescobrir nossa humanidade compartilhada. Aqueles que supervisionam e lucram com o trabalho alheio têm a responsabilidade especial de observar o descanso sabático. Ao soprar o apito para cessar o trabalho realizado em seu nome, eles permitem o descanso para todos que se encontram sob seus cuidados.

Prever, preparar, participar, providenciar

Segue-se, então, que a observância do Shabat requer preparação. Começamos a obedecer ao mandamento do Shabat *antes* que a observância do Shabat realmente comece, organizando nossas vidas de modo que o trabalho — nosso trabalho e o trabalho dos outros — possa cessar por um período de tempo. Pensamos em refeições, tarefas e outras responsabilidades diárias típicas que podem ser executadas com antecedência ou adiadas. Consideramos antecipadamente quais formas de entretenimento são mais adequadas para redefinir nosso foco e restaurar nosso bem-estar. O aforismo familiar "Se você falhar em planejar, está planejando falhar" pode ser aplicado à observância do Shabat. Assim como Israel foi instruído a colher uma porção dobrada de maná em preparação para o primeiro Shabat no deserto, nós também podemos atender ao princípio de nos preparar para cessar.

A falta de previsibilidade prejudica a observância do Shabat. Ao seguir um ritmo previsível do Shabat, podemos nos preparar como deveríamos. A preparação torna possível para nós a participação no descanso e a providência dele aos outros.

Imitando o Senhor do Shabat

Se há alegria em participar do descanso, uma alegria ainda mais profunda é encontrada em providenciá-lo. O Antigo Testamento está repleto de um conceito de Shabat que se expande para além da observância comum do sétimo dia. No ano do Jubileu, Israel deveria estender sua confiança na provisão de Deus, concedendo descanso para a terra, descanso da servidão e descanso da dívida (Lv 25). Levítico e Deuteronômio descrevem o Shabat como descanso do sofrimento, para a prevenção da injustiça. Na época de Jesus, esse princípio mais amplo havia, aparentemente, sido esquecido. Mas Jesus o traz à lembrança ao curar um homem com a mão ressequida no dia da cessação:

> E disse Jesus ao homem da mão ressequida: Vem para o meio! Então, lhes [aos Fariseus] perguntou: É lícito nos sábados fazer o bem ou fazer o mal? Salvar a vida ou tirá-la? Mas eles ficaram em silêncio. Olhando-os ao redor, indignado e condoído com a dureza do seu coração, disse ao homem: Estende a mão. Estendeu-a, e a mão lhe foi restaurada. (Mc 3.3-5)

"É lícito nos sábados fazer o bem ou fazer o mal? Salvar a vida ou tirá-la?" Na pergunta de Jesus e na ação subsequente, ouvimos o cerne do mandamento do Shabat: tanto quanto for possível para você, conceda alívio aos outros. Lembre-se do Shabat.

Lembramo-nos da *letra* do mandamento do Shabat ao descansar do trabalho.

Lembramo-nos do *coração* do mandamento do Shabat ao trabalhar para o descanso dos outros.

Jesus proclamou a si mesmo como Senhor do Shabat. E, de fato, ele era. Ele obedeceu tanto à letra como ao coração do mandamento do Shabat, em sentido literal. Mas ele também obedeceu no sentido espiritual. Ele previu sua própria morte, o trabalho final que garantiria nosso verdadeiro e melhor descanso sabático. Ele se preparou com antecedência para essa morte, trabalhando fielmente em obediência ao Pai e ensinando seus seguidores a andarem em seus passos. Ele participou do descanso, exalando na cruz em uma noite de sexta-feira, enquanto o sol se punha no horizonte para começar o dia de Shabat. E, em sua expiração, ele soprou descanso a nós — descanso para nossas almas (Mt 11.28-30). Jesus Cristo é tanto o praticante perfeito do Shabat como o meio pelo qual ele é alcançado.

Jesus se lembrou do Shabat. Aqueles que o seguem irão e farão o mesmo.

Obediência prática

Assim como Jesus ofereceu descanso físico do sofrimento, nós também podemos oferecer descanso do sofrimento àqueles que Deus coloca em nosso caminho. Podemos levar uma refeição para um amigo que está doente. Podemos ajudar a cuidar dos filhos de uma mãe solteira que precisa de uma pausa. Podemos dar gorjetas generosas àqueles que são mal remunerados e varrer o quintal de um vizinho idoso. Por meio de nossas igrejas, podemos trabalhar coletivamente para aliviar o sofrimento dos pobres em nossas comunidades e no mundo. Podemos pagar contas de serviços públicos, coletar fraldas para mães adolescentes e ajudar os doentes mentais a obter aconselhamento adequado. Podemos combater o tráfico de seres humanos. Todos os esforços para aliviar o sofrimento físico ou a escravidão em nome de Jesus Cristo mostram que somos verdadeiros servos do Senhor do Shabat.

Assim como Jesus ofereceu descanso espiritual às nossas almas, nós também podemos oferecer descanso às almas cansadas daqueles que Deus coloca em nosso caminho. Podemos proclamar com nossos lábios as boas-novas de Cristo àqueles que se encontram oprimidos pela culpa. Podemos proclamar com nossas vidas obedientes que o verdadeiro descanso é encontrado em viver como amados e aceitos filhos de Deus. Podemos interceder em oração pelos perdidos e quebrados. Podemos brilhar como luzes na penosa escuridão, como faróis da restauração e da renovação do Shabat. Todos os esforços para aliviar o sofrimento espiritual ou a escravidão em nome de Jesus Cristo mostram que somos verdadeiros servos do Senhor do Shabat.

Na terra como no céu

Um dia o Shabat descerá em plenitude. Todo Shabat no tempo presente é uma antecipação do Shabat eterno. Quando cessamos nossos trabalhos e sentimos satisfação nisso, antecipamos o dia em que entraremos totalmente em nosso descanso. Pense na inscrição mais comum nas lápides: "Descanse em paz". Associamos a vida após a morte ao descanso do esforço. E, de fato, será assim para todos os que estão em Cristo. Na cruz, Jesus nos justificou plenamente, concedendo-nos descanso da penalidade de nossos pecados. Mas, como o autor de Hebreus nos diz, ainda "nos esforçamos... por entrar naquele descanso" da liberdade do poder do pecado (Hb 4.11). Em outras palavras, a santificação é um trabalho realmente árduo, um trabalho que não completaremos até que "descansemos em paz" face a face com nosso Criador.

Mas um dia, quando formos glorificados, descansaremos completa e finalmente da própria presença do pecado. Sem mais trabalho fútil para a autojustificação por meio de bom comportamento, sem mais trabalho dirigido pelo Espírito para ser santo em pensamento, palavra e ação. A bandeira sobre o sétimo dia da criação é "Está consumado" (Gn 2.1-2). A bandeira sobre o crente na cruz como uma nova criação em Cristo é "Está consumado" (Jo 19.30). E a bandeira sobre a recriação de todas as coisas é "Está consumado" (Ap 21.5-6). Sempre que declaramos "Está consumado" em nossa observância do Shabat, afirmamos nossa lealdade ao reino que há de vir, ordenando nossas vidas tanto na terra como no céu.

Versículos para meditação
- Salmos 4.6-8
- Salmos 23.1-3
- Salmos 116.7-9
- Mateus 11.28-30

Questões para reflexão
1. Antes de ler este capítulo, como você classificaria sua obediência ao quarto mandamento? Depois de lê-lo, como você avaliaria a si mesmo? Que pensamento explica a mudança em seu diagnóstico?

2. Como sua compreensão da significância do conceito de descanso sabático se expandiu?

3. Pense nos conceitos do Shabat de "prever, preparar, participar, prover". Qual deles é mais fácil para você? Qual deles demanda mais sua atenção?

4. Além de você mesmo, quem mais é afetado por sua recusa em parar de trabalhar e descansar? Como você poderia mudar seu padrão típico de trabalho/descanso para melhor alinhá-lo com um que promova tanto a adoração como o bem-estar?

Escreva uma oração pedindo a Deus que o ajude a obedecer ao quarto mandamento. Confesse onde você tem trabalhado sem cessar, física ou mentalmente. Peça a ele para ajudá-lo a confiar em sua provisão. Peça a ele que lhe mostre a quem você pode conceder descanso no nome dele. Louve o Senhor do Shabat por garantir descanso à sua alma. Agradeça a ele pelo descanso eterno, que é seu futuro certo.

5
O Quinto Mandamento
Honre os anciãos

"Honra teu pai e tua mãe, para que se prolonguem os teus dias na terra que o Senhor, teu Deus, te dá."
Êxodo 20.12

Encontramo-nos na metade do Decálogo e, como sou professora, não consigo resistir à tentação de fazer um teste surpresa para ter certeza de que todos estão acompanhando. Você está pronto? Por uma questão de tempo, vamos mantê-lo em apenas uma pergunta:

Qual das Dez Palavras aborda o tema da honra?

A maioria das pessoas teria uma resposta pronta a essa pergunta, independentemente de terem lido os primeiros quatro capítulos deste livro ou não. Se você foi criado em um lar mesmo que nominalmente cristão, é provável que um de seus pais, em algum momento, tenha citado o quinto mandamento para você, com o propósito de induzi-lo à obediência. Muitos pais e mães o citaram para assegurar às crianças que seu dever para com seus pais está inscrito em pedra pelo próprio dedo de Deus. Com certeza, o único argumento mais sobrepujante do que "porque eu mandei" é "porque Deus mandou".

A resposta ao meu teste parece quase simples demais para justificar até mesmo ter feito a pergunta. A primeira e única vez que a palavra *honra* aparece nos Dez Mandamentos é no quinto mandamento. Mas o conceito está conosco desde o início. Os primeiros quatro mandamentos nos exortam a honrar corretamente a Deus, em pensamento, palavra e ação. Porque ele é nosso autor, ele justamente detém autoridade sobre nós. Nosso Pai que está nos céus é digno e tem direito à honra de seus filhos.

A quinta palavra estende essa exortação de nosso Pai celestial aos pais terrenos. Os pais são nossos "autores" terrenos e, por extensão, também exercem autoridade sobre nós. O lar é o laboratório no qual as crianças aprendem a se submeter à autoridade. Os pais cristãos treinam seus filhos para se submeter a eles, de modo que seus filhos aprendam mais prontamente a se submeter a outras autoridades terrenas e, finalmente, à autoridade mais elevada, nosso Pai celestial. Um pai cristão treina seu filho para se submeter à sua autoridade visível e temporária para que, um dia, seu filho possa submeter-se à autoridade invisível e eterna de Deus.

Essa coisa de autoridade seria simples se os pais fossem perfeitos. Mas, ao contrário de nosso Pai celestial, os pais terrenos falham e pecam, decepcionando e até mesmo machucando seus filhos, o que pode tornar a tarefa de honrá-los bastante complicada. Vejamos mais sobre isso daqui a pouco. Dedicaremos algum tempo a essa realidade, para que possamos entender o princípio em questão. A quinta palavra é o ponto de articulação do Decálogo em que a discussão sobre mostrar honra passa de Deus (1-4) para as autoridades humanas (5) e para uns com os outros (6-10). Então, um teste rápido: Qual das Dez Palavras lida com o tema da honra?

A resposta é todas elas.

O conceito de honra está conosco desde a primeira palavra e perdura até a última. Os Dez Mandamentos abordam questões de submissão celestial, submissão terrena e submissão mútua — nessa ordem. Agora conecte essa ideia ao Grande Mandamento, aquele que resume a lei (Mc 12.30-31). Leia-o a seguir e preencha mentalmente o espaço em branco com a palavra apropriada:

_____ o Senhor, teu Deus, de todo o teu coração, de toda a tua alma, de todo o teu entendimento e de toda a tua força... _____ o teu próximo como a ti mesmo.

Agora preencha mentalmente com a palavra "honrarás" no lugar da palavra que você acabou de usar. Leia em voz alta. O significado mudou? Minha sugestão é no sentido de que apenas se expandiu. A honra é uma expressão de amor corretamente ordenado. Quando amamos da forma devida, honramos o objeto de nosso amor da forma devida. É possível mostrar honra quer amemos um indivíduo ou não, pelo menos exteriormente. Podemos falar de Deus ou de outras pessoas com honra, ainda que não tenhamos amor por eles. Podemos agir sacrificialmente em relação a Deus ou aos outros, ainda que não tenhamos amor por eles. A honra prestada sem amor ainda é melhor para o bem comum do que a desonra, mas é uma obediência vazia. O motivo importa. A honra alimentada pelo amor está no cerne da quinta palavra, assim como no cerne de todas as dez.

Embora os pais possam citá-lo para as crianças pequenas, o público principal do quinto mandamento são os filhos adultos. Esse mandamento se encontra bem no meio de uma lista de mandamentos claramente endereçados aos adultos, abordando questões que são, em termos de desenvolvimento, principalmente as preocupações da vida adulta. Crianças pequenas, embora certamente pecadoras, não costumam fazer imagens esculpidas, tramar atos sanguinários nem dar falsos testemunhos críveis contra o próximo.

Observe a pista para o público na bênção que acompanha o mandamento: longevidade de vida. Podemos parafrasear o quinto mandamento como "Filhos adultos, honrem seus pais idosos cujos dias foram longos sobre a terra, para que seus dias também sejam longos". O mandamento tem peso em toda a duração de nosso relacionamento com nossos pais — não apenas nos dias em que vivemos como crianças em suas casas. Ela fala de nossa obrigação de honrá-los até a velhice, conforme elaborado em Provérbios 23:22: "Ouve a teu pai, que te gerou, e não desprezes a tua mãe, quando vier a envelhecer".

Como observamos no início, as leis de Deus nos permitem viver em comunidade. É bom para a comunidade quando os filhos honram seus pais cuidando deles e tratando-os com respeito até a velhice. Mas nem sempre é fácil. Se fosse, haveria apenas nove mandamentos. Mesmo aqueles de nós que são abençoados com relacionamentos saudáveis e felizes com nossos pais ainda podem considerar difícil trocar o papel de ser o cuidado pelo de ser o cuidador. O envelhecimento é, entre outras coisas, a progressão constante de renunciar à autoridade de tomada de decisão de alguém. Requer coragem profunda e pode causar tensão até mesmo nas famílias mais saudáveis, pois a dignidade do pai idoso se torna mais difícil de preservar. Na melhor das circunstâncias, a quinta palavra pode exigir muito de nós.

E, em circunstâncias difíceis, pode parecer algo absolutamente esmagador. Aqueles que sofreram negligência ou abuso físico, emocional ou espiritual nas mãos de um dos pais podem sentir-se perdidos sobre como tais requisitos podem (ou devem) ser atendidos. Aqui, como em todas as coisas, há boas-novas para aqueles que têm ouvidos para ouvir: "Se meu pai e minha mãe me desampararem, o Senhor me acolherá" (Sl 27.10).

Família de origem, família da fé

A Igreja é a família que sua família de origem não poderia ser. Nos Evangelhos, Jesus aplicou uma linguagem de família a seus seguidores: "Porque qualquer que fizer a vontade de meu Pai celeste, esse é meu irmão, irmã e mãe" (Mt 12.50). Por causa de sua fé controversa, os crentes do primeiro século não podiam confiar em relacionamentos familiares naturais. Muitos realmente tiveram de deixar pai, mãe e irmãos para seguir Jesus.

A igreja tornou-se a família espiritual deles, sua rede de amor, honra e prestação de contas de que tanto precisavam para receber apoio espiritual, emocional e até mesmo físico. A linguagem de família permeia as Epístolas do Novo Testamento. As Epístolas se dirigem a seus ouvintes como irmãos e irmãs. Paulo instrui Timóteo a se relacionar com os membros mais jovens de sua igreja como irmãos. Precisaremos de uma profunda apreciação pela irmandade espiritual para navegar pelos cinco mandamentos restantes. Mas, em relação ao quinto mandamento, devemos prestar atenção à linguagem parental do Novo Testamento. Paulo instrui Timóteo a se relacionar honrosamente com os membros mais velhos como *mães e pais* espirituais (1Tm 5.1-2). Ele diz à igreja em Corinto: "Pois eu, pelo evangelho, vos gerei em Cristo Jesus" (1Co 4.15). Ele honra até mesmo sua própria mãe espiritual quando envia saudações à mãe de Rufo, "que também tem sido mãe para mim" (Rm 16.13).[1]

Essa aplicação expansiva de honrar os pais não foi perdida nas primeiras gerações da igreja. A quem devemos honrar no quinto mandamento? O Catecismo Maior de Westminster, escrito em 1647, responde:

> As palavras "pai" e "mãe", no quinto mandamento, abrangem não somente os próprios pais, mas também todos os superiores em idade e dons, especialmente todos aqueles que, pela ordenação de Deus, estão colocados sobre nós em autoridade, quer na Família, quer na Igreja, quer no Estado.[2]

Dito de outra forma, respeite os mais velhos em sentido mais amplo.

Observe que, em alinhamento com a linguagem das Epístolas e do próprio quinto mandamento, o catecismo dá igual ênfase à honra de pais e mães. Uma família saudável é aquela em que pai e mãe são valorizados por sua sabedoria e por suas

---

[1] Algumas partes do que se segue apareceram pela primeira vez em meu artigo, "The Church Is Not a Single-Parent Family", ChristianityToday.com, 23 nov. 2016. Disponível em: https://www.christianitytoday.com/ct/2016/december/church-is-not-single-parent-family.html.
[2] Westminster Larger Catechism [Catecismo Maior de Westminster], Q. 124; Larger Catechism: Questions 121-130, Reformed Forum, 21 abr. 2008. Disponível em: https://reformedforum.org/podcasts/larger-catechism-questions-121-130/. [Em português, disponível em: http://www.monergismo.com/textos/catecismos/catecismomaior_westminster.htm].

contribuições. A família de Deus, como qualquer família saudável, deve esforçar-se para mostrar tal valor tanto para os pais como para as mães na igreja. Se uma presença parental é minimizada ou negligenciada, a família corre o risco de sofrer todos os tipos de disfunção. Quão bela é a casa de Deus quando mães e pais recebem a honra que lhes é devida!

Observe que o catecismo inclui aqueles "superiores em idade" sob o guarda-chuva do termo *pais*. Levítico 19.32 diz: "Diante das cãs te levantarás, e honrarás a presença do ancião, e temerás o teu Deus. Eu sou o Senhor". Não devemos honrar apenas os pais biológicos idosos, mas os idosos em geral. Aqui está uma maneira clara de viver respeitosamente entre os incrédulos. Em uma cultura obcecada em adorar a juventude, o quinto mandamento oferece aos cristãos um meio simples de ser luz na escuridão.

Em vez de adotar o mantra comum de que os idosos são adoráveis, irrelevantes, onerosos ou dispensáveis, mostramos-lhes honra como portadores de uma imagem plena, cheios de um tipo de sabedoria que só a passagem do tempo é capaz de transmitir. Ao buscar e valorizar essa sabedoria, honramos o doador e nos beneficiamos com o dom. Salmos 90.12 pede ao Senhor que nos ensine "a contar os nossos dias, para que alcancemos coração sábio". Quão provável é que Deus responda a essa oração através da sabedoria de um santo que conta mais dias do que nós!

Observe que o catecismo também inclui autoridades governamentais sob o guarda-chuva do termo "pais", ecoando a admoestação de Paulo de dar honra a quem a honra é devida (Rm 13.7). O quinto mandamento nos lembra de que aquele que detém toda autoridade delegou parte dessa autoridade a governantes humanos. Ao honrar aqueles que têm autoridade sobre nós, cumprimos o quinto mandamento.

Uma obediência expansiva

A ampla aplicação do mandamento fica clara: honre os anciãos, onde quer que você os encontre, o tanto que for possível de sua parte. Mas devemos fazer isso com discernimento. Efésios 6.1 nos ajuda a lembrar que devemos obedecer aos pais "no Senhor" ou na medida em que a autoridade deles seja exercida de acordo com a vontade dele. Não somos chamados a honrar ou obedecer a anciãos inclinados à injustiça ou ao mal.

Injustiça. Dano. Abuso. Abandono. Muitas vezes, essas são as práticas de nossos mais velhos. E, com frequência, vemos tudo isso, de forma correta, como desafios relacionados à aplicação prática do quinto comando. Mas devemos evitar ver tudo isso como desculpa. Devemos pedir a Deus graça para mostrar honra tanto quanto possível de nossa parte.[3]

Talvez sua mãe não tenha feito tudo certo. Se você mesmo for pai ou mãe, provavelmente já aprendeu a demonstrar graça para com ela, afirmando que ela fez o melhor que pôde. Se ela estiver viva, demonstre honra contando-lhe a lembrança favorita que tem dela relativa à sua infância. Se você tem seus próprios filhos, repita a história para eles também. E pense muito sobre quais outras histórias eles precisam ouvir. Dar a seus filhos a dádiva do relacionamento com um avô sem o peso da bagagem de sua própria infância pode ser uma

---

[3] Partes do que se segue são do meu artigo "Showing Honor on Mother's Day (Even When It's Hard)", The Beginning of Wisdom (blog), 8 maio 2013. Disponível em: http://jenwilkin.blogspot.com/2013/05/showing-honor-on-mothers-day-even-when.html?m=1/.

boa forma de mostrar honra. Às vezes, honramos nossos pais demonstrando perdão naquilo que deixamos de dizer.

Talvez o pai que o criou tenha sido pai apenas em relação ao nome. Talvez ele tenha causado ou permitido danos a você. Procure mostrar honra na medida do possível. Quem agiu como um pai em relação a você? Um professor ou treinador? Um avô? Um pastor? Um padrasto? Expresse sua gratidão à pessoa ou às pessoas em sua vida que olharam para além dos limites da biologia para demonstrar amor paternal de forma tangível. Faça uma doação para uma causa que auxilie crianças órfãs a se desenvolverem.

Talvez seu pai ou mãe tenham sido do tipo para quem todos os cartões de felicitações foram escritos. De qualquer forma, reserve um tempo para encontrar o cartão perfeito e anotar ali o sentimento perfeito no dia de honra. Mas também sinta o peso do seu privilégio. Ser criado por uma mãe ou por um pai que, de forma consistente, coloca as necessidades dos outros acima das suas próprias não é algo comum. Mostre honra sendo esse tipo de pai para seus próprios filhos. Mas não pare por aí. Volte seus olhos para aqueles que você conhece que são física, emocional ou espiritualmente órfãos e seja um pai para eles, de acordo com suas necessidades.

Porque a igreja é a família de Deus, não careceremos de pais e mães para honrar. Tampouco nos faltarão órfãos espirituais de quem possamos ser pais. Se sua família de origem foi espinhosa, a família de Deus pode ser um refúgio e uma recompensa. Se sua família de origem foi feliz, quanto mais será a família de Deus?

No registro da vida de Jesus, vemos honra dada aos pais terrenos, aos idosos e às autoridades. Na hora de sua morte, vemos Jesus ternamente confiando sua mãe terrena, Maria, aos cuidados de seu irmão espiritual João. Certamente ele fez isso por amor. Mas também o fez porque ele, de todas as pessoas, entendia que honrar os pais é honrar a Deus. Porque ele conhecia sua verdadeira filiação, honrar seus pais terrenos foi um ato natural.

A narrativa do nascimento de Jesus no Evangelho de Lucas contém muitas testemunhas memoráveis de seu nascimento. Mas também honra, de forma incisiva, os mais velhos. Quando, no oitavo dia, Jesus é apresentado em Jerusalém, um casal de idosos saúda sua chegada com alegria. Simeão e Ana, cujos dias foram longos na terra, coroados com a sabedoria de seus cabelos brancos, regozijam-se ao finalmente ver o Salvador no templo do Senhor. A presença envelhecida deles sussurra um paralelo redentor aos jovens Adão e Eva expulsos do templo do jardim, ansiando pelo nascimento do esmagador da serpente. Simeão e Ana são pais e mães honrados na casa do Senhor. E assim devem ser todos os que esperam ansiosamente na fidelidade de Deus para cumprir suas promessas, ainda que seja no crepúsculo de seus anos.

Na terra como no céu

Esta vida é o laboratório no qual os filhos de Deus aprendem a se submeter à autoridade celestial submetendo-se à autoridade terrena. Honrar nossas mães e nossos pais visíveis nesta vida é um meio de acumular tesouros no céu. Ao nos curvarmos à sabedoria testada pelo tempo, preparamos nossos corações para se curvarem à sabedoria atemporal de Deus. Ao nos submetermos à autoridade visível deles, somos treinados a submeter nossas próprias vontades à autoridade invisível de Deus. Aprendemos pela repetição, e nossas repetidas interações com "todos os superiores em idade e dons" nos treinam para o dia em que finalmente entraremos, em plenitude, na terra que o Senhor nos deu. De fato, nossos dias serão longos naquela terra. Nessa nova criação, aquele infinitamente superior em idade e dons receberá a honra que lhe é devida, de forma plena.

Hoje é o dia de honrar "aqueles que são vistos", para que nossos corações sejam treinados em honrar "aquele que é invisível". Ao confessar: "Ancião nosso, que estás na terra, o teu nome é digno de honra", podemos orar com integridade de caráter: "Pai nosso, que estás nos céus, santificado seja o teu nome". Cada falha de autoridade terrena nos leva a desejar que a autoridade seja exercida como somente Deus pode exercê-la. Todo serviço honroso de uma autoridade terrena espelha nosso Pai celestial.

Aqueles a quem foi concedida autoridade ou condição de ancião constroem o reino "tanto na terra como no céu" quando exercem essa autoridade em sabedoria e graça. Bons pais fazem a terra parecer e funcionar um pouco mais como o céu. Do caos, eles trazem ordem — certamente, um ato louvável. Aqueles que são mais jovens em sabedoria ou anos honram a Deus quando dão honra àqueles a quem a honra é devida. Por que obedecer ao quinto comando? Tomando por empréstimo uma frase de nossos pais: "Porque Deus mandou".

E porque, ao fazê-lo, nos assemelhamos e agimos como cidadãos do céu.

Versículos para meditação
- Levítico 19.32
- Salmos 90.12
- Provérbios 23.22
- Mateus 12.49-50
- Efésios 6.1-3
- 1 Timóteo 5.1-2,8

Questões para reflexão

1. Antes de ler este capítulo, como você classificaria sua obediência ao quinto mandamento? Depois de lê-lo, como avaliaria a si mesmo? Que pensamento explica a mudança em seu diagnóstico?

2. Como sua compreensão da importância de honrar os mais velhos se expandiu?

3. Que pai literal ou pais espirituais você poderia abençoar esta semana com uma palavra de encorajamento? Por qual virtude você poderia elogiá-los? Por qual ação ou palavra passada você poderia agradecer a eles? Por qual falha você poderia perdoá-los em seu coração?

4. Quem o Senhor colocou em sua vida para você exercer a função de pai, literal ou espiritualmente? Quais deficiências fazem você se sentir inadequado ou indigno de honra? Como você pode empregar melhor sua experiência e sabedoria divina em benefício deles?

Honre os anciãos

Escreva uma oração pedindo a Deus que o ajude a obedecer ao quinto mandamento. Confesse em que pontos você tem falhado, evitando ou esquecendo de honrar os mais velhos. Peça a ele para trazer à mente pessoas específicas para honrar e maneiras específicas de fazê-lo. Louve-o por ser o pai perfeito e por prover a família de Deus a você por meio de Cristo. Agradeça a ele por chamá-lo de filho.

6
O Sexto Mandamento
Honre a vida

"Não matarás."
Êxodo 20.13

As imagens têm o grande poder de nos comover. Nossa reação a uma imagem é impulsionada pela maneira como nos sentimos em relação à pessoa ou à ideia que ela representa. De vitrais a monumentos ou insígnias em bandeiras, respondemos de forma visceral, dependendo da associação subjacente. Se você já salvou uma foto de um ente querido falecido ou cortou alguém de uma foto por tristeza ou mágoa, isso revela sua compreensão da conexão entre a imagem e a pessoa que ela representa. Os últimos seis mandamentos nos remetem a avaliar de que forma reagimos à imagem de Deus representada em nossos semelhantes. Eles nos advertirão de que todos os maus-tratos cometidos em relação ao nosso próximo, um portador da imagem divina, brotam de um desejo subjacente de difamar o próprio Deus. E nos exortarão a ver que o amor ao nosso próximo deve brotar do amor de Deus.

Pelo menos eu não fiz isso

Em 2004, eu era mãe de quatro filhos com idades entre oito e quatro anos. Os *reality shows* estavam em sua fase inicial, com *Survivor* [adaptado no Brasil como *No Limite*] entrando em sua quarta temporada. Mas 2004 seria o ano em que os pais de crianças pequenas receberiam um presente dos deuses dos *reality shows* na forma de um programa chamado *Supernanny*. "Despistar, superar, ultrapassar", essa se provou uma fórmula vencedora em Survivor e, como alguém tentando sobreviver a outro conjunto esmagador de circunstâncias, eu me senti atraída por seus temas paralelos em um programa sobre criação de filhos.

Assim como seis milhões de outras pessoas. *Supernanny* explodiu em popularidade em seu primeiro ano, enquanto pais em todos os lugares sintonizavam para ver Jo Frost resolver o caos nas casas de outros pais. *Supernanny* espalhou-se rapidamente para quarenta e oito países diferentes, tornando-se uma das maiores histórias de sucesso em reality shows.[1] Não sou especialista naquilo que atrai a audiência, mas, nesse caso, tenho um palpite. Bem, mais uma confissão do que um palpite: eu não assisti a Supernanny para receber dicas de criação de filhos. Assisti para ter validação. E suspeito que eu não estava sozinha nisso.

Ver outros pais com problemas muito maiores do que os meus me deu a oportunidade de dizer a mim mesma que, afinal, eu não era uma mãe tão terrível. Sim, eu já havia perdido a paciência e, sim, minha casa era um desastre, mas esses outros pais precisavam que a *Supernanny* chegasse para

---

1 Sean Macaulay, "Jo Frost Interview", The Telegraph, 28 jan. 2010. Disponível em: https://www.telegraph.co.uk/culture/7051886/Jo-Frost-interview.html.

guiá-los pelos dilemas parentais mais elementares. Em vez de desligar a TV e pensar: "Bem, amanhã vou tentar isso", eu pensava: "Bem, pelo menos eu não fiz isso".

Suspeito que seja por isso que os *reality shows* sobre assassinatos sejam tão populares. A despeito do que mais possam despertar em nós, eles nos ajudam a deitar a cabeça em nosso travesseiro, lembrando-nos de que, não obstante o que possamos ser, *não somos assassinos*.

As Dez Palavras, por sua própria natureza, não são declarações de validação. Elas não aumentam nossa confiança de que estamos indo bem. Mas a sexta palavra, tomada isoladamente, eventualmente pode ser ouvida dessa maneira. Pode parecer um alívio no meio de um julgamento no tribunal, um momento para respirar aliviado e dizer: "Bem, pelo menos eu não fiz isso". Se formos solicitados a apontar um dos Dez Mandamentos que podemos dizer com confiança que nunca quebramos, a maioria de nós responderia "este". Mas acho que seria proveitoso para nós buscar um tipo melhor de ajuda em suas palavras.

E suas palavras são notavelmente poucas. Se estivéssemos lendo os Dez Mandamentos em voz alta do início ao fim, o sexto seria aquele no qual o ritmo mudaria de forma perceptível. Nenhuma promessa ou aviso é anexado, nenhum editorial de qualquer tipo, apenas uma declaração curta: "Não matarás". Conciso e sucinto, o sexto mandamento usa apenas dois vocábulos hebraicos para mostrar seu ponto de vista.

Quando um ponto é óbvio, requer menos palavras para mostrá-lo. Na superfície, o perigo que o comando destaca parece óbvio e facilmente evitável. O que poderia ser mais simples do que ser um não assassino? Mas não devemos inferir que, só porque a sexta palavra é breve, seria fácil de entender ou simples de obedecer. Os fariseus dos dias de Jesus parecem ter cometido esse erro, como veremos.

Não é apenas o ritmo que muda com a sexta palavra, mas também o foco. Após fazer cinco exortações para honrar a Deus e aos anciãos, as Dez Palavras agora voltam sua atenção para a questão de honrar uns aos outros, como companheiros portadores da imagem. Progredimos na discussão de como nos relacionamos com nosso Pai celestial para o relacionamento com nossos pais terrenos (autoridades humanas) e para o relacionamento com nossos irmãos e irmãs (nossos próximos). Essencialmente, as últimas cinco palavras falarão sobre o tratamento adequado que devemos dispensar aos irmãos.[2] Se você cresceu em uma casa com irmãos, sem dúvida pode adivinhar por que esses comandos são necessários.

Irmãos e portadores da imagem

A *Supernanny* tinha algumas coisas a dizer sobre a rivalidade entre irmãos. Isso não é surpresa, visto que essa é uma das primeiras manifestações de pecado na história humana. Assim que os primeiros pais geraram dois irmãos, isso aconteceu. A história de Caim e Abel não poderia ser mais trágica. Pouco depois de Adão e Eva serem expulsos do jardim, apegados à promessa de um libertador, Eva dá à luz Caim. Ela se regozija por ter "adquirido um varão com o auxílio do Senhor" (Gn 4.1). Jim Boice observa que a reação de Eva aponta para a promessa que ela recebeu, de que, *por*

---

2 Os Dez Mandamentos são normalmente separados em duas tábuas para refletir quais abordam o amor a Deus e quais abordam o amor ao próximo. Aqui, não estou fazendo uma declaração sobre como dividir as duas tábuas. Estou simplesmente assinalando o modo como a autoridade molda nossa compreensão dos cinco primeiros versus os cinco últimos.

meio de sua descendência masculina, a serpente seria esmagada (Gn 3.15). Ela diz, com efeito: "Aqui está ele!". Embora você e eu saibamos que a espera pelo Messias será de milênios, Eva não sabia disso.[3]

O leitor sente o peso da ironia. Pois Caim não é o Messias, mas um assassino — o primogênito de Adão será o primeiro a tirar a vida de um irmão feito à imagem de Deus (Gn 9.6). Vendo que Abel, seu irmão, recebeu o favor de Deus, ele fica furioso. Deus o adverte: "Por que andas irado, e por que descaiu o teu semblante? Se procederes bem, não é certo que serás aceito? Se, todavia, procederes mal, eis que o pecado jaz à porta; o seu desejo será contra ti, mas a ti cumpre dominá-lo" (Gn 4.6-7).

Caim não atende a esse aviso, nem domina a tentação. Ele não pode derrubar Deus, então derruba aquele que se assemelha a ele. Ele atrai Abel para um campo e o mata. Quando Deus pergunta sobre sua vítima, Caim contrasta com uma pergunta mordaz: "Não sei; sou eu guardador do meu irmão?" (Gn 4.9, ACF). É a pergunta que todos nós devemos fazer e responder todos os dias de nossas vidas, e é a pergunta a que nossos cinco mandamentos restantes respondem de forma incisiva.

Mas o que podemos aprender com esse primeiro episódio de assassinato? Devemos olhar Caim com um olhar torto e dizer a nós mesmos: "Bem, pelo menos eu não fiz isso"? Se olharmos com cuidado, descobriremos que seu caminho para se tornar assassino não teve início com um

---

[3] James Montgomery Boice, *Genesis: An Expositional Commentary*, vol. 1, *Creation and Fall (Genesis 1–11)* (Grand Rapids, MI: Baker, 2006), p. 250-51.

plano de assassinato. Começou com um pecado muito mais universal. Começou com ira.

Mas a ira é um pecado? A ira é uma emoção negativa, como medo ou tristeza. Uma emoção é uma resposta natural a uma circunstância. Especificamente, a ira é nossa resposta natural à violação de nossas vontades. Se toda ira fosse pecaminosa, não precisaríamos do lembrete: "Irai-vos e não pequeis" (Ef 4.26). Em vez disso, o versículo simplesmente seria: "Não se ire". Existe uma ira justa — ira cujo objetivo é defender a santidade de Deus, sem pensar em si mesmo. Jesus demonstra isso nos Evangelhos. Mas, se formos honestos, podemos reconhecer que raramente sentimos esse tipo de ira sem haver pelo menos uma pitada de justiça própria misturada para contaminá-la.

Tanto as emoções positivas como as negativas são uma dádiva de Deus, e não são pecaminosas em si mesmas. Mas elas podem progredir rapidamente para a condição de pecaminosas se não as administrarmos adequadamente. Gênesis 4 não diz que a ira de Caim foi pecaminosa, mas podemos supor que foi, por sabermos o rumo que tomou. O problema de Caim não era mera ira, mas ira alimentada, ira permitida, ira satisfeita.

Também podemos adivinhar que sua ira foi pecaminosa por causa das palavras de Jesus acerca da sexta palavra. Na época de seu ministério terreno, os fariseus se haviam tornado especialistas na arte de "pelo menos eu não fiz isso". Jesus até conta uma parábola sobre um fariseu e um cobrador de impostos para ilustrar esse tipo específico de legalismo.[4] Os fariseus ficavam satisfeitos por terem cumprido tudo o que a

---

4 Lucas 18.9-14.

lei exigia, desde que obedecessem externamente. Como uma criança que come o suficiente no jantar para merecer a sobremesa, eles se contentavam em deixar que a letra da lei limitasse sua obediência a uma demonstração externa mínima de submissão, não importando o estado de seus corações. No caso do sexto comando, eles, assim como nós, ficaram contentes em marcar sua exigência como cumprida porque eram não assassinos no sentido mais literal do termo.

Uma obediência expansiva

No Sermão do Monte, Jesus responde a essa avareza de espírito pressionando seus ouvintes a uma obediência expansiva a vários mandamentos do Antigo Testamento, começando com a sexta palavra em particular:

> Ouvistes que foi dito aos antigos: Não matarás; e: Quem matar estará sujeito a julgamento. Eu, porém, vos digo que todo aquele que [sem motivo] se irar contra seu irmão estará sujeito a julgamento; e quem proferir um insulto a seu irmão estará sujeito a julgamento do tribunal; e quem lhe chamar: Tolo, estará sujeito ao inferno de fogo. (Mt 5.21-22)

Jesus não anula a ordem de não matar. Em vez disso, ele desafia nossa afeição pelo cumprimento mínimo. Uma abordagem mínima de "Não matarás" significa que eu acredito que, desde que não cometa o ato físico de assassinato, terei cumprido a lei. Mas Jesus ensina o melhor caminho. Ele exorta seus ouvintes a olharem para além da *letra* da lei, para o *espírito* da lei. Ele tem muito cuidado em ajudar seus ouvintes a identificar o pecado interior que explica por que o assassinato acontece em primeiro lugar. E, ao apontar a ira como sua origem, ele não deixa espaço para nenhum de nós passar facilmente pela sexta palavra.

Assim como Deus alertou Caim de que sua ira o estava levando a algum lugar brutal, Jesus também nos adverte. Ele faz isso descrevendo padrões de fala que resultam da ira fomentada. Quando chegarmos à nona palavra, consideraremos mais profundamente como nosso uso de palavras se relaciona com nossas emoções, mas, por ora, podemos examinar a progressão do pecado que Jesus apresenta: uma emoção negativa pode levar a pensamentos prejudiciais, palavras danosas e ações nocivas.

A exclamação "Tolo" é a palavra hebraica *raca*, o antigo equivalente de nossa mais difamatória linguagem, do tipo que exige um bipe sonoro de censura. É um termo de extremo desprezo. O movimento da ira ao insulto, ao "Raca!" pode ser mapeado assim: primeiro, estou zangado com você em resposta a alguma mágoa. Em seguida, começo a questionar seu caráter com um insulto. Então, questiono seu valor como pessoa. À medida que a ira vai-se degradando em desprezo, a pessoalidade do outro é desvalorizada. Dallas Willard observa:

> [O desprezo] é uma espécie de degradação estudada do outro, e também é mais insidioso na vida do que a ira. Nunca é justificável ou bom [...]. Em atitude de desprezo, não me importo se você está ferido ou não. Ou pelo menos é isso que digo. De uma forma ou de outra, você não merece consideração. Podemos estar irados contra alguém

sem negar seu valor. Mas o desprezo torna mais fácil para nós machucá-los ou vê-los ainda mais degradados [...]. A intenção e o efeito do desprezo sempre consistem em excluir alguém, afastá-lo, deixá-lo isolado.[5]

Pessoas que assassinam abraçaram o desprezo a ponto de acreditarem que o outro portador da imagem é tão indigno que não merece viver. Pessoas que abraçam o desprezo fomentaram a ira a ponto de acreditarem que sua injúria merece a injúria maior do outro. Pessoas que fomentaram a ira tomaram a decisão consciente da vontade de nutrir uma emoção negativa em uma semente viável de desprezo, uma semente que, com o tempo, produz colheita sangrenta.

Será que Jesus está acrescentando à lei ao expandir nossa atenção do assassinato para a ira e o desprezo? De jeito nenhum. Ele está apontando para a muda que cresce na videira espinhosa que sufoca a vida. Ele está fazendo um apelo para que capinemos meticulosamente o jardim da santidade pessoal. Ele está ensinando que, se cada pessoa lidasse com a raiva de forma rápida e correta, não haveria necessidade da sexta palavra.

O impulso de matar é nada menos do que o funcionamento externo de um impulso menor que escolhemos satisfazer regularmente. De jogos da liga infantil a engarrafamentos na hora do *rush*, vemos evidências ao nosso redor de que as pessoas expressam ira regularmente além do que determinada circunstância merece. Nós a fomentamos e a expressamos de forma exagerada e rotineira. Nossas reações

---

[5] Dallas Willard, *The Divine Conspiracy: Rediscovering Our Hidden Life in God* (San Francisco: HarperSanFrancisco, 1998), p. 151-52.

exageradas revelam que não ficamos simplesmente irados em certa ocasião, mas que carregamos conosco, o tempo todo, um suprimento de ira reprimida.[6]

Observadores astutos descobriram como lucrar com nosso acúmulo de ira. Um artigo recente no *The Atlantic* chama esses aproveitadores de "comerciantes da ira": *talk shows* diurnos exibindo brigas para o deleite dos espectadores, telejornais que alimentam a indignação moral, plataformas de mídia social que recompensam alegremente a ira expressa com curtidas e compartilhamentos. Nossos políticos renunciam à civilidade por indignação, e nós escolhemos um lado e nos juntamos ao carnaval do desprezo.[7] Nós contra eles. Nós somos os justos, e eles? Eles não são meramente os injustos; eles são desprezíveis.

Permita-me trazer uma ilustração simples de minha própria vida. Se estou entrando em casa e vejo uma joaninha na minha porta, sorrio e tomo o cuidado de realocá-la na planta mais próxima. Mas, se vejo uma barata, tenho uma reação diferente. Por quê? Porque sinto carinho por um e desprezo pelo outro. Qualquer entomologista decente me diria que essas duas criaturas são essencialmente iguais, mas eu me dediquei a elevar uma à condição de "graciosa" e a outra à de "desprezível". Uma entomologia defeituosa tem suas consequências, mas quanto mais tem uma antropologia defeituosa? O desprezo dirigido a um portador da imagem gera todo tipo de violência.

O desprezo pode ganhar seguidores, mas não é pastoral. Ele se disfarça de ira justa, mas é, de fato, egoísta e

---

6 Willard, *Divine Conspiracy*, p. 149.
7 Charles Duhigg, "The Real Roots of American Rage", The Atlantic, 15 jul. 2019. Disponível em: https://www.theatlantic.com/magazine/archive/2019/01/charles-duhigg-american-anger/576424/.

autoelevatório. Pode ter um argumento, mas sempre tem uma vítima. Podemos desviar nossa conexão com suas vítimas perguntando: "Sou eu guardador de meu irmão?", mas os filhos de Deus comprados com sangue conhecem bem a resposta à nossa própria pergunta. Porque Cristo, nosso irmão, lhe respondeu de forma plena e definitiva com seu "sim".

Ele mesmo, objeto de raiva e desprezo, desonrado e desvalorizado, além de despojado de sua dignidade, suportou a quebra da sexta palavra em sua carne partida e seu sangue derramado. Caim, o assassino, não era o Messias. Cristo, o assassinado, é realmente o Messias. Por ser a imagem do Deus invisível, aqueles que odiavam a Deus lidaram violentamente com essa imagem. No entanto, aquele cuja vida foi extinta tomou todos os cuidados para preservar a vida. E, ao receber de volta a sua, ele vive para que tenhamos vida.

Na terra como no céu

Somos filhos muito amados por causa do ato vivificante de Cristo. Nele estava a vida. Quem então, sendo encontrado nele, pode ser instrumento de morte? Por sermos aceitos no amado, não nos contentaremos em ser simplesmente *não assassino*s, ou *não desprezadores*, ou *não irados*. Não nos absteremos apenas de tirar a vida — correremos para dá-la. Que leiamos na proibição de assassinato da sexta palavra a exortação a tomar todo tipo de cuidado para preservar a vida! Corramos para ser *protetores da vida, doadores de estima e pacificadores*.

Agir assim exigirá que façamos um balanço de como talvez estejamos participando da adoração à ira em nosso momento cultural. Exigirá que nos esforcemos para preservar a vida em uma cultura que acredita que categorias inteiras de portadores da imagem são dignas de nosso desprezo ou desrespeito — os nascituros, os idosos, os portadores de necessidades especiais (físicas ou mentais), os pobres, os impotentes, os estrangeiros. E, em um mundo definido por viver em desacordo com os outros, isso exigirá que nos esforcemos para viver em paz com os outros, naquilo que couber a nós. Exigirá que sejamos guardadores de nossos irmãos, assim como Cristo tem sido o nosso.

Quando vivemos dessa maneira, motivados a preservar e promover a vida como alegres recipientes da vida eterna, nossas esferas de influência tornam-se postos avançados do reino dos céus na terra, microcosmos daquela cidade gloriosa cujo centro é a árvore da vida. Naquela cidade, a ira e o desprezo não existem mais, e aqueles que carregam a imagem de Cristo são honrados uns pelos outros em pensamento, palavra e ação. As coisas antigas passaram, foram sepultadas, crucificadas com Cristo. Quando somos tardios em nos irar e prontos a perdoar, quando arrancamos pela raiz a videira espinhosa da amargura do jardim de nossa santidade pessoal, honramos a sexta palavra e afirmamos nossa lealdade ao reino que está por vir, ordenando nossas vidas assim na terra como no céu.

Versículos para meditação

+ Gênesis 4.1-12
+ Gênesis 9.6
+ Romanos 12.14-20
+ Romanos 13.9
+ 1 João 3.11-12

Questões para reflexão

1. Antes de ler este capítulo, como você classificaria sua obediência ao sexto mandamento? Depois de lê-lo, como avaliaria a si mesmo? Que pensamento explica a mudança em seu diagnóstico?

2. Como sua compreensão do significado da ordem de não matar se expandiu?

3. Quão prevalente é a ira em sua vida? A quem é dirigida com mais frequência? Como você pode estar fomentando essa ira de um modo que o tente a desvalorizar a pessoa que a desencadeia?

4. Qual é sua típica resposta a essa pessoa que mais lhe causa ira, tanto a resposta do seu coração como a resposta verbal? Que resposta vivificante você poderia ter na próxima vez que ele (ou ela) o deixar irado?

Escreva uma oração pedindo a Deus que o ajude a obedecer ao sexto mandamento. Confesse em que pontos você tem falhado ao fomentar a ira e o desprezo em seu coração ou em seus relacionamentos. Peça a ele para ajudá-lo a reagir às ofensas dos outros com perdão e reconciliação. Agradeça a ele por Cristo, nosso irmão, aquele que é, de fato, nosso guardador.

7
O Sétimo Mandamento
Honre o casamento

"Não adulterarás."
Êxodo 20.14

Se você não for casado, resista à tentação de pular este capítulo. O homem solteiro mais famoso de toda a história tinha muito a dizer sobre casamento, então talvez você encontre ajuda aqui. Se você for casado e não tiver cometido adultério, e não tiver planos de fazê-lo, continue lendo também. Chegamos à sétima palavra, tão breve quanto a sexta e, como veremos, igualmente expansiva em aplicação. Mais uma vez, Jesus nos ensinará que há uma obediência mais profunda a ser buscada, que supera o fato de simplesmente não dormir com alguém com quem não somos casados. Mais uma vez, devemos perguntar o que o tratamento que dispensamos a alguém que carrega a imagem de Deus revela sobre nossos corações.

Será necessário falar sobre automutilação antes de terminarmos, então mantenha uma tesoura afiada à mão e continue lendo.

Estou brincando sobre a tesoura.

Deus leva a sério a aliança do casamento. Gênesis 2.24 descreve o casamento como a união de um homem e uma mulher em uma só carne. É uma imagem de palavras para ilustrar tanto a permanência como a interconexão do relacionamento conjugal. A sétima palavra proíbe o adultério como o desmantelamento flagrante do que Deus uniu. No Antigo Testamento, o adultério era punível com a morte (Lv 20.10). No Novo Testamento, é declarado como fundamento claro para o divórcio (Mt 5.32). É a metáfora consistente usada para descrever a infidelidade do povo de Deus.

O sétimo mandamento nos diz para levar o casamento e a pureza sexual tão a sério quanto Deus o faz. A palavra *adulterar* significa "corromper, depreciar ou tornar impuro".[1] A infidelidade no casamento corrompe a pureza da união, depreciando o que Deus declarou santo. Visto que todo pecado pessoal produz danos colaterais, o adultério também corrompe e deprecia a estabilidade da unidade familiar e da comunidade. A disfunção conjugal causa um efeito cascata, prejudicando mais do que apenas o adúltero.

Vista de forma positiva, a sétima palavra nos mostra como amar uns aos outros por meio de casamentos saudáveis. Assim como o mandamento contra o assassinato nos pediu para sermos protetores da vida, a ordem contra o adultério pede que sejamos pessoas que honram o casamento. Casamentos fiéis e saudáveis não são bons apenas para a família; também são bons para a comunidade. O casamento é o relacionamento fundamental no lar do qual todos os outros procedem e para o qual todos os outros se voltam em busca de

---

1 Merriam-Webster, verbete "adulterate". Disponível em: https://www.merriam-webster.com/dictionary/adulterate/. Acesso em: 21 jul. 2020.

identidade e estabilidade. Os casamentos funcionais tendem a construir lares funcionais que requerem menos intervenção da comunidade. Muitas vezes, esses lares são capazes de dar mais do que recebem, ajudando, assim, a comunidade a prosperar como um todo.

Vimos com a sexta palavra que a ira e o desprezo criaram o ecossistema para o assassinato, ao desvalorizar outro portador da imagem. O adultério é abordado após o assassinato (e não antes) porque também é um ato pecaminoso externo que começa com a desvalorização do outro. A ira e o desprezo em relação ao cônjuge criam o ecossistema propício ao adultério, ao desvalorizar tanto o cônjuge como a união matrimonial: eu pensei no altar que você era digno de meu amor e compromisso. Vejo agora que você não é tão valioso quanto eu pensava. Você é uma decepção. Você atiça raca dentro de mim. Vou direcionar minha atenção para outro lugar.

E a natureza da minha atenção não será (como tantas vezes se retrata nas comédias românticas) a busca por uma alma gêmea. Em vez disso, será uma busca pela gratificação de uma expressão particular do desprezo e que está na base do ato adúltero: a luxúria. Além disso, não será algo em que alguém arrebatado pela paixão "tropeçou". Não, será *cometido*, desejado e perpetrado. Assim como fez com o pecado do assassinato, Jesus nos aponta a raiz do pecado do adultério no Sermão do Monte:

> Ouvistes que foi dito: Não adulterarás. Eu, porém, vos digo: qualquer que olhar para uma mulher com intenção impura, no coração, já adulterou com ela. (Mt 5.27-28)

A luxúria está na raiz do adultério. Assim, a sétima palavra fala para mais do que apenas aqueles de nós que são casados; ela fala a todos que são tentados a cometer luxúria. Assim como evitaríamos totalmente o assassinato se lidássemos com nossa tentação de fomentar nossa ira, evitaríamos totalmente a impureza sexual se lidássemos com nossa tentação de luxúria. Examinamos a prevalência da ira em nossa cultura e como ela foi monetizada e transformada em arma. Assim também a luxúria foi culturalmente normalizada e apropriada para atender aos fins daqueles que lucrariam com ela. Dessa forma, satura nossa mídia, vendendo-nos uma versão distorcida do florescimento humano que se baseia em depreciar as boas dádivas do sexo e da sexualidade.

A própria luxúria é um ato de desprezo, reduzindo alguém a uma fonte de gratificação sexual e nada mais. Se o sexto mandamento proibia considerar nosso próximo *dispensável*, o sétimo proíbe considerar nosso próximo *consumível*.

Observe que Jesus condena "qualquer que olhar para uma mulher com intenção impura". A luxúria assume muitas faces, mas a forma específica ligada ao adultério é a que 1 João 2.16 chama de "concupiscência dos olhos" — o desejo que é atiçado e fortalecido pela visão. Esse não é um olhar casual, no qual podemos notar que outra pessoa é atraente; trata-se, sim, do olhar demorado, do olhar avaliativo. É o *olhar* meditativo que conduz ao *desejo* objetificado e que resulta no *consumo* autojustificado daquilo que está fora dos limites. E é tão antigo quanto o jardim.

É Eva olhando para o fruto proibido, achando-o desejável e consumindo-o. O que Jesus identifica como a raiz do adultério é exatamente o que está na raiz de todo ato adulterado.

A concupiscência dos olhos é um desejo desordenado, que escolhe fixar seu olhar, seu anseio e seu apego naquilo que Deus proibiu.² Embora a concupiscência dos olhos possa ser aplicada de maneira geral, no contexto da sétima palavra, aplica-se especificamente ao desejo sexual desordenado. Desejos desordenados resultam em vidas desordenadas. O pecado resultante do adultério é ruim não apenas para o casal, mas também para a comunidade.

Jesus aponta seus ensinamentos para os maridos, provavelmente porque, na cultura de sua época, o custo do adultério atingia as mulheres muito mais do que os homens. Significava ruína social e financeira catastrófica e, como no caso da mulher flagrada em adultério, poderia até mesmo significar a morte.³ É revelador que sua história não retrate nem mesmo um sopro de indignação dirigido ao homem flagrado em adultério com ela, embora, certamente, ele estivesse por perto. Assim como nos dias de Jesus, a concupiscência dos olhos cobra um alto preço das mulheres. Dos milhões de portadores da imagem atualmente traficados para o sexo, 98% são mulheres e meninas.⁴

No entanto, devemos deixar claro que a concupiscência dos olhos não faz acepção de sexo ou estado civil. Assedia tanto Adões como Evas. Mais tarde, no Sermão do Monte, Jesus notará que o olho é a lâmpada do corpo, o portal por meio do qual somos preenchidos de luz ou de trevas (Mt 6.22). Temos

---

2 O conceito de desejos desordenados, ou de "amores", vem do teólogo do século 4, Agostinho de Hipona. Em Confissões, ele explora a ideia em detalhes. [Santo Agostinho, *Confissões de Santo Agostinho* (São Paulo: Penguin-Companhia, 2017)].
3 João 8.1-11.
4 "Bought and Sold, The Sex Trafficking of Women & Girls", LiveYourdream.org. Disponível em: https://www.liveyourdream.org/media/action-resources/Trafficking/sex-trafficking-facts--infographic.pdf. Acesso em: 21 jul. 2020.

olhos em abundância, homens e mulheres. Portanto, todos nós temos a oportunidade de pecar com eles. Ou de arrancá-los. Mas vamos deixar essa parte de lado por mais um minuto.

Desejo desordenado

O desejo sexual dentro da aliança matrimonial é uma expressão de amor mútuo. É um desejo corretamente ordenado. O desejo sexual fora do casamento é uma expressão de luxúria. É um desejo desordenado. O sexo dentro do casamento é sobre compromisso e vulnerabilidade, baixar a guarda e a união literal de duas carnes em uma. O sexo fora do casamento é consumo e vulgaridade, a aquisição de prazer em curto prazo, a aparência tênue do amor, a união do que Deus não uniu. A luxúria sexual é muitas coisas desagradáveis, mas certamente é a tentação de evitar a vulnerabilidade e o compromisso.

De que outra forma a pornografia estabeleceria tal ponto de apoio, a menos que prometesse a gratificação do desejo sem vulnerabilidade ou compromisso? Ela entra pela lâmpada do corpo, enchendo-o de escuridão, sussurrando a mesma mentira que Eva acreditou em sua visão: "Olhar não mata". A promiscuidade, comercializada para nós em filmes e seriados, oferece um banquete socialmente mais aceitável aos olhos, mas está fazendo com nossa visão espiritual a mesma coisa que a pornografia: normalizando a desordem, glamourizando o sexo sem compromisso. Mas é claro que a pornografia vai além, abandonando qualquer pretensão de união consensual e celebrando a degradação do outro.

Quer a luxúria dos olhos se satisfaça na piscina pública ou em uma tela, aqueles que olham devem convencer-se de que a pessoa que estão vendo merece, ou mesmo quer, ser consumida. Não consumimos aqueles a quem amamos; nós os valorizamos e os protegemos como portadores da imagem. Assim, a raiz do pecado do adultério escolhe uma pessoa que está disposta a tratar com desprezo. A luxúria desvaloriza seu objeto, de modo que o ato de adultério se torna o próximo passo lógico. Como fez com o assassinato e a ira, Jesus não equipara o adultério à luxúria. Ele mostra como uma coisa resulta da outra, uma semente rançosa que dá fruto podre. E nos alerta para arrancá-la pela raiz.

O apóstolo Paulo também. Certamente, a luxúria é a norma em nossa cultura hipersexualizada, mas também encontrou maneiras de ser normalizada dentro da igreja. Muitas vezes é vista como uma fera a ser domada. No entanto, Paulo parecia pensar diferente sobre a questão da imoralidade sexual. Ele parecia pensar que somos capazes de matá-la: "Fazei, pois, morrer a vossa natureza terrena: prostituição, impureza, paixão lasciva, desejo maligno e a avareza, que é idolatria" (Cl 3.5).

Satanás conseguiu convencer os crentes de que a luxúria é apenas algo a ser administrado em vez de algo a ser morto. Deus pretende que a destruamos. Mas qual é a faca que mata a fera?

Prometi a você o desmembramento e não vou decepcionar. Imediatamente após Jesus conectar o adultério à concupiscência dos olhos, ele faz a seguinte declaração surpreendente:

> Se o teu olho direito te faz tropeçar, arranca-o e lança-o de ti; pois te convém que se perca um dos teus membros, e não seja todo o teu corpo lançado no inferno. E, se a tua mão direita te faz tropeçar, corta-a e lança-a de ti; pois te

convém que se perca um dos teus membros, e não vá todo o teu corpo para o inferno. (Mt 5.29-30)

Se alguma vez uma passagem testou aqueles que defendem uma leitura literal das Escrituras, certamente foi essa. Jesus está, de fato, sugerindo que a solução para a luxúria é a automutilação? O pai da igreja Orígenes acreditava que sim, e apoiou essa crença castrando a si mesmo. A igreja denunciou corretamente tais práticas, pois o que, a princípio, parece ser uma solução eficaz, embora dramática, não resolve o problema. Dallas Willard observa:

> Certamente, ser aceitável a Deus é tão importante que, se o ato de cortar partes do corpo pudesse alcançar isso, seria sábio cortá-las. [...] Mas, longe de sugerir que qualquer vantagem poderia ser obtida dessa maneira, o ensino de Jesus nesta passagem é exatamente o oposto. [...] A questão mais profunda sempre diz respeito a quem você é, não ao que você fez ou pode fazer. [...] Se você desmembrar seu corpo a ponto de nunca poder matar ou mesmo olhar com ódio para outra pessoa, nunca cometer adultério ou mesmo olhar com luxúria, seu *coração* ainda poderia ser cheio de ira, desprezo e desejo obsessivo pelo que é errado, não importa quão completamente sufocado ou suprimido possa estar.[5]

Como se a derrota da luxúria fosse tão simples quanto remover o membro ofensor! Mas, como acontece com todo pecado, nossos ofensivos olhos, e mãos, e pés, e ouvidos, e lábios, e línguas, e narizes servem ao prazer de nossos

---

5 Dallas Willard, *The Divine Conspiracy: Rediscovering Our Hidden Life in God* (San Francisco: HarperSanFrancisco, 1998), p. 167-68.

corações. O que nossos corações se deleitam em fazer, nossos membros correm para realizar. Precisamos de uma lâmina melhor do que uma forjada por mãos humanas, uma que vise livrar nossos corações dos desejos desordenados.

Louvado seja Deus, nós temos uma. A lâmina que mata a fera é a palavra de Deus, vivificada e atuante pelo Espírito de Deus, capaz de discernir os pensamentos e as intenções do coração (Hb 4.12). Pela palavra de Deus, aprendemos a deleitar nossos corações no Senhor, e o resultado é o que o salmista prediz: "Agrada-te do Senhor, e ele satisfará os desejos do teu coração" (Sl 37.4).

Quando confessamos e nos arrependemos, Deus faz morrer nossos desejos desordenados e nos dá desejos corretamente ordenados. E nossos olhos, e mãos, e pés, e ouvidos, e lábios, e línguas, e narizes começam a servir ao prazer de um coração que se deleita nele.

Uma obediência expansiva

"Se os teus olhos forem bons, todo o teu corpo será luminoso" (Mt 6.22). O antídoto para a concupiscência dos olhos não é a cegueira autoinfligida, mas, sim, ver como Deus vê. Embora os humanos olhem para fora, Deus olha para dentro. Devemos nos ver corretamente, mas também devemos ver nosso próximo corretamente, sem a nuvem do desejo desordenado. Se olhássemos uns para os outros com o olhar atento que vê o que Deus vê, o que contemplaríamos?

No mundo ao nosso redor, veríamos outros seres humanos criados à imagem de Deus, precisando desesperadamente de um olhar atento de nossa parte, um olhar que restaure sua dignidade em vez de roubá-la — o tipo de olhar com que Jesus olhava pessoas, como a mulher com um vaso de alabastro, que só conhecia o olhar fixo da luxúria e suas consequências. Ele devolveu a essa mulher o que os outros haviam tirado: a humanidade plena.

Dentro da igreja, a família de Deus, veríamos *adelphoi*, irmãos e irmãs. Aqui também precisamos desesperadamente oferecer o olhar atento da confiança relacional não sexualizada, como um irmão lança para uma irmã muito amada. Em vez de potenciais parceiros sexuais a serem consumidos, veríamos irmãos preciosos a serem valorizados. A igreja tem dedicado muita energia para separar os homens das mulheres, de modo a evitar a impropriedade. Mas isso é, na verdade, "arrancar o olho", em vez de ver como Deus vê. Não podemos edificar e encorajar uns aos outros, ou mesmo valorizar uns aos outros adequadamente, se estivermos perpetuamente separados.

Para aqueles que estão solteiros, quando o desejo sexual se anuncia em um relacionamento, pergunte-se qual é sua raiz. É uma resposta para ver a pessoa interior ou uma resposta de um tipo diferente, determinada a consumir?

Para aqueles que estão casados, lembre-se de que notar outra pessoa é normal. Mas prolongar-se nesse notar não é. Assim como é fiel aquele que chamou você, seja você também fiel.

Para os seguidores de Cristo solteiros e casados, mantenham seus olhos saudáveis. Olhar tira, sim, pedaço. Mas lembre-se de nunca policiar seu olho ou sua mão e negligenciar seu coração. Acima de tudo, não cometa atos que brotam da luxúria. Faça morrer a luxúria, e não apenas seu fruto.

Não devemos cometer adultério. Não devemos fomentar luxúria. Mas o que *devemos* fazer? Devemos restaurar a dignidade daqueles que sofreram nas mãos de uma cultura mergulhada na mentira de que "olhar não tira pedaço". Aqueles comprometidos em manter a sétima palavra tornam-se guardadores de sua irmã, trabalhando para acabar com o tráfico sexual e reabilitar aquelas que foram exploradas. Eles defendem as vítimas de abuso sexual. Trabalham para criar uma geração de filhos e filhas que entendem a pornografia como algo letal, não apenas para o indivíduo ou os casamentos, mas para a comunidade. Lutam contra mensagens e imagens que objetificam mulheres e homens. E abraçam e modelam a fidelidade sexual.

Na terra como no céu

Muitos crentes absorveram a mensagem cultural de que a luxúria é nosso quinhão daqui até a sepultura. Mas Cristo inaugurou um reino melhor entre nós. A todos cuja mão direita ofende, nosso Senhor proclama que o reino dos céus está próximo. Pelo poder do Espírito, aplicamo-nos diariamente a dizer não à impiedade, matando a imoralidade sexual e o olhar prolongado que a convida. Ganhamos acesso a esse reino melhor por meio de seu sangue, e o habitamos fixando nosso olhar nele.

A concupiscência dos olhos é o inverso do desejo para o qual fomos criados. Fomos criados para desejar a santidade — fixar nossos olhos nela, meditar nela e banquetear-nos com ela. Adão e Eva fixaram os olhos no que era proibido, e a velha criação foi adulterada. Nós, como nova criação em Cristo, fixamos nossos olhos nele, de onde vem nosso socorro.

Deleite-se na transgressão da lei, e seus desejos desordenados o governarão. Deleite-se no Senhor, e ele lhe dará novos desejos. Faça da lei dele seu deleite e medite nela dia e noite. Ao fazer isso, você pratica o *olhar* meditativo que conduz ao *desejo* santo, que resulta no *consumo* consagrado do próprio pão da vida. O resultado desse banquete é um olho direito que honra os outros e uma mão direita que trabalha para lhes dar dignidade. Tais olhos e mãos manifestam o reino aqui e agora.

Um dia ele retornará, e todo olho que desejou consumir seu próximo pousará seu olhar no desejo das nações. Todo ato adulterado cessará. Ninguém mais objetificará ou explorará seu próximo. A família de Deus permanecerá com os olhos cheios de bondade e o coração cheio de luz. O casamento fiel final, do qual todos os outros foram apenas um sussurro, acontecerá em pureza e poder. A boca do Senhor o disse. O zelo do Senhor Todo-poderoso o cumprirá. Até aquele dia, em cada ato de deleite no Senhor, expressamos nosso desejo de que essa grande aliança do casamento seja selada. "O Espírito e a noiva dizem: Vem! Aquele que ouve, diga: Vem!".

Versículos para meditação

- Salmos 37.4
- Provérbios 6.32
- Mateus 5.27-30
- Mateus 6.22-23
- Colossenses 3.5-6
- Hebreus 13.4

Questões para reflexão

1. Antes de ler este capítulo, como você classificaria sua obediência ao sétimo mandamento? Depois de lê-lo, como avaliaria a si mesmo? Que pensamento explica a mudança em seu diagnóstico?

2. Como sua compreensão do significado do conceito de luxúria se expandiu? Especificamente, como a concupiscência dos olhos figura em seus próprios padrões de pecado? Em que situações é mais provável que você acredite na mentira de que "olhar não tira pedaço"?

3. Até que ponto você abraçou a mentira cultural de que a luxúria é algo a ser domado em vez de ser morto? Se você acredita que a lâmina afiada da Escritura pode matá-la e remodelar seus desejos, que prática regular de fixar seu olhar nela você segue?

4. Em resposta a este capítulo, que ação tangível você deve tomar? O que você deve parar de fazer? O que deve começar a fazer? O que uma obediência expansiva à sétima palavra requer de você especificamente?

Escreva uma oração pedindo a Deus que o ajude a obedecer à sétima palavra. Confesse de que forma você tem participado do vício da luxúria em nossa cultura. Peça a ele para ajudá-lo a ter olhos propícios àqueles explorados e degradados por ela, e mãos propícias para ajudá-los. Peça a ele para lhe dar uma visão saudável do desejo sexual e de seu papel em sua vida. Louve-o, pois, em Cristo, recebemos novos desejos. Agradeça a ele por enviar um noivo fiel ao seu povo.

8
O Oitavo Mandamento
Honre a propriedade

"Não furtarás."
Êxodo 20.15

Tenho duas lembranças claras de haver cometido roubo antes dos três anos e meio. Sei qual era minha idade porque nos mudamos para o Texas no verão após meu terceiro aniversário, e as memórias são definitivamente do Alabama. O primeiro ato de roubo ocorreu na loja de ferragens local, onde furtei um pequeno gancho de cerâmica de uma lixeira colocada na altura dos meus olhos. Tinha a forma de um cisne. Então, obviamente, eu peguei. O segundo ato ocorreu na casa do vizinho. Servi-me de uma pulseira, daquelas feitas de elástico e miçangas que costumam vir em conjunto com uma tiara e um anel. Não se esconde tal peça de glamour e, portanto, minha mãe a notou no meu pulso magro e, prontamente, me ordenou que a devolvesse. Ela também tinha visto o cisne antes de chegarmos ao estacionamento.

Aqui está a moral da minha história: se você vai roubar, seja melhor nisso que eu.

Não, a moral da minha história é que nós sabemos, desde tenra idade, que ganho ilícito é ganho. A atração do roubo é a possibilidade de ganhar "algo por nada". Mas todo roubo é ganho à custa involuntária de outra pessoa, seja essa despesa pequena ou grande. Roubar, como matar e cometer adultério, é uma expressão de desprezo, respondendo erroneamente à seguinte pergunta: "Sou eu guardador do meu irmão?".

Por que roubamos

Talvez o exemplo mais notável de roubo alimentado por desprezo nas Escrituras seja a história do roubo duplo cometido por Jacó em relação a Esaú, seu irmão. Jacó usa o engano para roubar a primogenitura e a bênção de Esaú. Ele acredita ser mais esperto do que seu irmão e seu pai. O aspecto mais irônico (e talvez mais instrutivo) dessa história é que ele rouba duas coisas que Deus já havia prometido que lhe pertenceriam, antes mesmo de ele nascer. É o equivalente a alguém desviar bens de uma empresa familiar que ele herdará. Esperto, de fato.

Jacó rouba o que Deus já havia ordenado que fosse dele. Se você vai roubar, seja melhor nisso que ele.

Melhor ainda, apenas obedeça à oitava palavra. A história de Jacó tem muito a nos dizer quando consideramos a cadência familiar: "Não furtarás". Assim que a ouvimos, lembramo-nos de momentos em que o fizemos, de momentos em que vimos alguém fazer e de momentos em que julgamos outras pessoas por fazê-lo. De fato, julgamos Jacó todos os anos quando nossos planos de leitura da Bíblia nos fazem esbarrar em Gênesis. Você provavelmente me julgou quando leu o primeiro parágrafo deste capítulo. A questão com o roubo é que sempre podemos encontrar alguém que está fazendo isso em uma escala maior do que nós. Às vezes, essa escala maior mede a inépcia do ladrão, como, por exemplo, um ladrão de carros que publica seu passeio nas redes sociais. Às vezes, essa escala maior mede a habilidade do ladrão, como o diretor financeiro cujo esquema de peculato chega ao noticiário nacional.

O que mais precisamos em relação a essas histórias é a garantia de que, quaisquer que sejam nossos pecados de "mão-leve", não chegam nem perto de "roubar de verdade".

E, por "roubar de verdade", geralmente nos referimos ao tipo que pode fazer com que você seja preso, demitido ou ambas as coisas. Toda sociedade civilizada reconhece o roubo como crime. As leis que o proíbem protegem nossos direitos de propriedade privada, seja intelectual ou física. Para Israel, recém-saído da escravidão e com poucos pertences pessoais, a oitava palavra estabeleceu uma expectativa clara de que a sociedade deles também seria civilizada. Quanto mais Deus os fizesse prosperar, mais questões de propriedade pessoal afetariam a comunidade.

Assim, Deus toma medidas imediatas para demovê-los da ideia de que roubar é "algo sem consequência" para a ideia de que o crime não compensa. Embora o oitavo mandamento tenha poucas palavras, sua aplicação é exposta no Livro da Aliança, os três capítulos que vêm imediatamente após o Decálogo, em Êxodo 20–23. Lá encontramos uma discussão considerável sobre o que não deve ser roubado, como os ladrões devem ser punidos e que nível de restituição deve ser feito para garantir que o roubo produza grandes perdas em vez de lucro. Roubar "ajuda" o indivíduo à custa da comunidade. O ato em si é uma despesa, mas também o é o trabalho necessário para retificar esse ato. Todos os anos, milhões de dólares são gastos para evitar ou processar várias formas de roubo apenas nos Estados Unidos. O roubo multiplica o dano ao bem comum.

E, como matar e cometer adultério, roubar é uma expressão de desprezo. Se eu puder roubar de alguém, provavelmente não vou orar por ele ou buscar o bem dele. O roubador ora: "Venha a mim o meu reino, seja feita a minha vontade". Ele se volta para o próximo e exige: "Dá-me hoje o meu pão de cada dia".

O que roubamos

Os cristãos roubam. Contra toda a lógica, roubamos como todo mundo, procurando ganhar à custa de outra pessoa. Se ao menos pudéssemos aprender com a história de Jacó, ou seja, que Deus já nos deu o direito de primogenitura e a bênção em Cristo. Riquezas inumeráveis. Nele, temos uma herança imperecível que está guardada no céu para nós. Mas o céu é irritantemente invisível, então nos voltamos para o visível e descobrimos que gostaríamos de armazenar tesouros aqui desde já.

Podemos ter sucesso em evitar as formas mais sociopatas de roubo, apenas para falhar em evitar as mais socialmente aceitáveis. Você sabe as formas a que me refiro, aquelas que todo mundo pratica. Falo como alguém que, rotineiramente, tira dezenas de canetas do fundo da bolsa, nenhuma delas comprada por mim e que eu nem me lembro de ter levado. Por favor, não conte à minha mãe.

Esses são os tipos de roubo para os quais damos uma piscadela ou não pensamos muito, mal identificando-os como pecaminosos. Esses são os que podemos mais facilmente nos convencer de que não fazem mal a ninguém, então por que não? O que os diferencia é que acreditamos que eles não geram vítimas. Um dos locais mais comuns para esse tipo de roubo é o ambiente de trabalho.

Estudos mostram que as pessoas justificam o roubo no local de trabalho porque uma empresa não tem sentimentos.[1] Pessoas que nunca roubariam dinheiro da carteira de um supervisor falsificarão um relatório de despesas ou roubarão material de escritório sem pensar. Elas roubam tempo percorrendo as mídias sociais durante o horário de trabalho ou tirando uma licença médica quando não estão doentes. Como uma empresa é menos pessoal, um crime contra ela não parece um ato de violência ou desprezo. Parece que não há vítimas. E, como é improvável que sejamos pegos, sentimo-nos seguros em nossas pequenas transgressões.

Outro lugar popular para garantir um desconto do tipo "mão-leve" é um quarto de hotel. Os hotéis rotineiramente perdem toalhas, roupões e até mesmo lençóis para hóspedes que, sem dúvida, teriam levado as lâmpadas se não tivessem sido aparafusadas. E, a propósito, é exatamente por isso que elas são aparafusadas. Novamente, porque um hotel não tem sentimentos, raciocinamos que nenhum dano real é causado. E, como estaremos a quilômetros de distância quando descobrirem que uma toalha desapareceu, sentimo-nos seguros em surrupiá-la.

---

[1] Dana Wilkie, "Why Is Workplace Theft on the Rise?", SHRM, 16 ago. 2019. Disponível em: https://www.shrm.org/resourcesandtools/hr-topics/employee-relations/pages/workplace-theft-on-the-rise-.aspx

Mas pense em como nos comportamos de maneira diferente quando estamos hospedados na casa de um amigo ou parente. Longe de roubar a roupa de cama, tomamos o cuidado de fazer a cama e dobrar a toalha antes de partir. A razão para essa mudança de caráter tem a ver com os dois fatores críticos que observamos: relacionamento e probabilidade de ser pego. Conhecemos e somos conhecidos pelo proprietário. Enquanto um hotel talvez não se dê conta da perda, nossas mães provavelmente perceberiam. E, porque nos preocupamos com nossas mães, não transgredimos seus direitos de propriedade.

É importante que os cristãos prestem atenção nisso. Se lutamos para atribuir direitos de propriedade a uma corporação ou a um hotel porque são incorpóreos, em que medida somos capazes de lutar para atribuir direitos de propriedade a um Deus invisível? E, se acreditamos erroneamente que um Deus invisível também não vê, em que medida poderíamos ser tentados a violar todos os tipos de direitos de propriedade?

Nada de roubo mesquinho

De fato, o Deus que vê nossos corações certamente vê nossas mãos. Somos pegos em flagrante a cada passo, quer o chefe nos pegue em algum momento com um estoque de grampeadores, quer o hotel nos pegue com um monte de toalhas. Deus não apenas nos vê; ele nos conhece. Somos conhecidos por ele. Nosso comportamento em relação à propriedade alheia revela *quão bem o conhecemos*. Nós nos importamos que ele nos conheça? Ou o consideramos distante e impessoal, desinteressado e cego? Se sim, estaremos propensos a tomar o que não é nosso. Em última análise, tudo pertence a ele. Somos convidados em sua criação, propensos a roubar de outros convidados.

Mas é realmente necessário nos responsabilizar por pequenas ofensas? Tudo bem fazer restituição pelo boi ou burro de alguém, mas por material de escritório? Assim como os pecados de assassinato e adultério foram o resultado final de uma progressão de "pecados menores", também o roubo tem início com pequenas infrações e cresce para delitos maiores (ou para um número maior de pequenas infrações). Tomar o que não é nosso mostra desprezo pelo legítimo dono. Não ousemos acreditar que Deus não vê ou não se importa com esses pequenos atos de traição. Pois Jesus nos disse o contrário:

> Quem é fiel no pouco também é fiel no muito; e quem é injusto no pouco também é injusto no muito. Se, pois, não vos tornastes fiéis na aplicação das riquezas de origem injusta, quem vos confiará a verdadeira riqueza? Se não vos tornastes fiéis na aplicação do alheio, quem vos dará o que é vosso? (Lc 16.10-12)

Quer ser encontrado fiel no muito? Comece sendo fiel nas pequenas coisas. Fazer isso exigirá a crença em um Deus relacional que vê. O roubo de Jacó falou de sua crença errônea de que Deus era desinteressado e cego. Indiscutivelmente, o mesmo aconteceu com aquele primeiro e famoso roubo de frutas no jardim. Eva foi a primeira humana a saber que o ladrão vem para matar, roubar e destruir. Na história dela, ele veio em forma de escamas e rastejando, balbuciando mentiras. E ela, formada para portar a imagem de Deus, preferiu portar a imagem do ladrão. Mas Deus não era desinteressado nem cego, tampouco, felizmente, desprovido de compaixão. Pois, ainda que o ladrão venha para matar, roubar e destruir, Cristo foi enviado para acabar com o roubo. Ele veio para evitar perdas, mas também para fornecer abundância (Jo 10.10). E, quando seguimos seu exemplo, nós também voltamos nossos corações para a provisão. O ladrão tira; o seguidor de Cristo dá.

Uma obediência expansiva

O seguidor de Cristo dá como um ex-ladrão. Nós, que antes ouvimos o grande ladrão, agora damos atenção ao Espírito do grande doador: "Aquele que furtava não furte mais; antes, trabalhe, fazendo com as próprias mãos o que é bom, para que tenha com que acudir ao necessitado" (Ef 4.28). É essa transformação de "tomador em doador" que a Confissão de Westminster reconhece em sua interpretação dos deveres exigidos de nós pela oitava palavra: "O esforço por todos os modos justos e lícitos para adquirir, preservar e adiantar a riqueza e o estado exterior, tanto de outros como o nosso próprio".[2]

Reflita um pouco a esse respeito. Temos o dever de trabalhar para a provisão e o bem-estar dos outros. Tomando emprestadas as palavras de Paulo: "Não tenha cada um em vista o que é propriamente seu, senão também cada qual o que é dos outros" (Fp 2.4). Quando entendemos que somos mordomos dos recursos de Deus em vez de proprietários, aprendemos a pensar de forma diferente sobre os tesouros terrenos. Embora o ladrão sussurre que aquele que tem mais

---

2 Westminster Larger Catechism [Catecismo Maior de Westminster], Q. 141; "Larger Catechism: Questions 141–150", Reformed Forum, 5 maio 2008. Disponível em: https://reformedforum.org/podcasts/larger-catechism-questions-141-150/. [Em português, disponível em: http://www.monergismo.com/textos/catecismos/catecismomaior_westminster.htm].

brinquedos vence, o doador de todos os bons presentes fala uma palavra melhor. Não seja apenas um *não ladrão*; seja um provedor de abundância.

Há duas maneiras de viver: como um tomador ou como um doador. Quando se trata de questões de bens, você percebe a si mesmo como um terminal ou como um ponto de distribuição? Se for um terminal, você trabalhará sem descanso para adquirir aquilo que não pode manter. Se for um ponto de distribuição, você trabalhará para doar o que nunca foi realmente seu. Quando ouvimos outras pessoas orando pelo pão de cada dia, será que nos ocorre que nós também podemos ser o meio pelo qual esse pão é fornecido? O espírito da oitava palavra deve incitar-nos a isso.

Lembro-me de, certa vez, ouvir John Bisagno, o grande pregador batista do sul, admoestando o rebanho sobre doar suas finanças para ajudar os próximos necessitados. Ele ficou diante da congregação e anunciou com júbilo: "Deus tem todo o dinheiro que precisa para ajudar os necessitados! Está em seus bolsos". Como provedores de abundância, abrimos nossos próprios depósitos para abençoar os outros. Em vez de uma mentalidade de ganância, operamos a partir de uma mentalidade de generosidade. Mas não uma generosidade que é compelida. Em vez disso, agimos como ex-ladrões, como aqueles tão profundamente gratos pela abundância que recebemos em Cristo que passamos a dar generosamente a quem precisa.

Na terra como no céu

Um dia o roubo cessará. Como vimos em nossa exploração da primeira palavra, as coisas que desejamos roubar nesta vida serão o pavimento da Nova Jerusalém. O céu é um lugar que os ladrões não invadem. Todos descansam na abundância de Deus. Jesus nos diz que, mesmo enquanto ainda estamos aqui, podemos acumular tesouros lá:

> Não temais, ó pequenino rebanho; porque vosso Pai se agradou em dar-vos o seu reino. Vendei os vossos bens e dai esmola; fazei para vós outros bolsas que não desgastem, tesouro inextinguível nos céus, onde não chega o ladrão, nem a traça consome, porque, onde está o vosso tesouro, aí estará também o vosso coração. (Lc 12.32-34)

É do agrado de nosso Pai dar o reino a todos os que oram: "Venha o teu reino, assim na terra como no céu". Quando ex-ladrões decidem, pelo poder do Espírito, ser fiéis em pequenas questões de generosidade, acumulam tesouros inesgotáveis no céu. Nenhuma queda do mercado de ações pode desvalorizar um tesouro dessa natureza. Nenhum desastre natural, ação judicial ou execução hipotecária pode diminuir o valor da generosidade expressa por *tomadores que se tornaram doadores*. Quando nos abstemos de tomar o que não é nosso e nos apressamos em dar o que recebemos, manifestamos o reino aqui e agora.

Roubar é um ganho à custa relutante de outra pessoa. Então, Jesus nos dá, voluntariamente e com grande custo, aquilo que não poderíamos implorar, roubar ou pedir emprestado. Ele transforma tomadores em doadores, dando o que nunca poderíamos adquirir por conta própria. Ele nos restaura o direito de primogenitura e bênção, direito que foi roubado em um jardim por um ladrão.

Nunca é tarde demais para sairmos do caminho de tomadores. Em suas últimas horas de agonia, foi um ladrão que Jesus perdoou. "Hoje estarás comigo no paraíso" (Lc 23.43). Amigo, durante o tempo que se chama Hoje, dê atenção à oitava palavra. Não permita que suas mãos agarrem os bens de outras pessoas. Deixe seus bolsos livres dos tesouros terrenos, para que todos tenham o pão de cada dia. Seu pão serve para fazer a vontade daquele que o enviou. Ele ordena que você espalhe abundância.

Versículos para meditação

- Salmos 24.1
- Mateus 6.19-21
- Lucas 16.10-12
- João 10.10
- Atos 2.44-47
- Filipenses 2.3-4

Questões para reflexão

1. Antes de ler este capítulo, como você classificaria sua obediência ao oitavo mandamento? Depois de lê-lo, como avaliaria a si mesmo? Que pensamento explica a mudança em seu diagnóstico?

2. Pense em sua lembrança mais antiga de roubo. O que você roubou? O que aprendeu com isso? Pense em uma ocasião em que alguém roubou algo de você. Como se sentiu sobre a perda de propriedade? E sobre o ladrão?

3. Para quais formas de roubo você costuma dar desculpas? Por que elas parecem aceitáveis? Por que essas desculpas são, na verdade, pecaminosas?

4. A que ato de generosidade o Espírito o está impelindo? Que pequeno ato de fidelidade você poderia realizar esta semana em relação à doação de seus recursos?

Escreva uma oração pedindo a Deus que o ajude a obedecer ao oitavo mandamento. Confesse em que situações você minimizou o roubo, acreditando que Deus está distante ou é cego. Peça a ele para ajudá-lo a ser um "tomador que se torna doador", para mostrar onde você pode ser generoso. Louve-o por ordenar que o pão de cada dia seja dado aos necessitados pelos meios ordinários de nossa generosidade. Agradeça a ele por lhe dar todas as boas dádivas.

9
O Nono Mandamento
Honre a reputação

"Não dirás falso testemunho contra o teu próximo."
Êxodo 20.16

Na quinta temporada da série de comédia *Seinfeld*, Jerry, Elaine, Kramer e George são convidados a passar um fim de semana na casa da família Hampton. O dono da casa em que estão hospedados acabou de ter um bebê, que, segundo todos os relatos, não é, de fato, um colírio para os olhos. Qualquer um que tenha visto sua cota de recém-nascidos pode sentir a tensão perfeita que o programa cria: Quais adjetivos produziremos quando chegar a hora de expressar nosso entusiasmo pelo pequeno querubim enrugado? Enquanto Jerry e Elaine protegem os olhos e procuram ser gentis, o belo pediatra chega e elogia Elaine como "de tirar o fôlego". Ela fica entusiasmada, mas apenas momentaneamente, pois, na frase seguinte, ele aplica a mesma palavra ao bebê.

O médico é atrevido? Sim. Ele é confiável? Difícil de dizer. A dúvida palpável e hilariante introduzida por suas palavras ilustra um princípio que todos nós reconhecemos de forma tácita: nossa fala revela nosso caráter. Jesus nos diz que há ligação direta entre nossos corações e nossas bocas (Mt 12.34). É por essa razão, e por outras, que precisamos da instrução da nona palavra.

Assim como seus três predecessores, a nona palavra tem a ver com tomar algo do próximo. Podemos resumir do sexto ao oitavo mandamento como: não tire a vida, a esposa ou as coisas do seu próximo. O nono comando nos cobrará para não tomarmos o bom nome dos outros. É apropriado que a nona palavra trate da fala enganosa, visto que ninguém jamais planejou assassinato, adultério ou roubo sem também se haver comprometido a mentir sobre isso.

Na escola dominical, quando criança, aprendi que a nona palavra ensinava "Não minta". Isso é verdade e não é verdade. A mentira é abordada em suas muitas formas na Literatura de Sabedoria da Bíblia, mas na nona palavra está em vista um tipo particular de mentira: dar falso testemunho sobre alguém. Podemos mentir sobre nossas próprias ações, credenciais ou desejos, mas uma mentira tem natureza distintamente social quando volta sua atenção para outra pessoa. Mentir sobre outra pessoa afeta diretamente a saúde da comunidade.

Os códigos de leis de Israel continham muitos crimes para os quais a pena era a morte, e seu sistema de justiça se baseava nos testemunhos corroborantes de duas ou três testemunhas para estabelecer culpa ou inocência. Quando a nona palavra trata da veracidade sobre nosso próximo, certamente tem em vista preocupações legais. Mentir em um depoimento no tribunal significava colocar em risco a própria vida do caluniado.

Embora a nona palavra procure garantir que a justiça funcione como deveria entre os próximos, ela não para por aí. A nona palavra pode ser compreendida de forma mais ampla, referindo-se à maneira como falamos de nosso próximo e a respeito dele. Ela exige honestidade em nossas palavras e ações, um compromisso com a integridade ao representar corretamente nosso próximo, tanto em sua presença como em sua ausência. Embora talvez você nunca seja chamado para testemunhar em um tribunal, o testemunho que você presta sobre seu próximo nos momentos cotidianos moldará sua vida e a dele — para o bem ou para o mal.

Assim como a terceira palavra ordena que honremos o bom nome de Deus, a nona ordena que honremos o bom nome de nosso próximo. Assim como não devemos usar mal o nome do Senhor nosso Deus, não devemos usar mal o nome daqueles que são criados à sua imagem. A nona palavra se baseia na quinta, pois é impossível honrar nossos anciãos se falarmos falsamente sobre eles. A nona palavra se baseia na sexta, pois muitos que nunca pensariam em assassinato cometem assassinato de caráter sem pensar duas vezes. A nona palavra se baseia na sétima, pois ninguém entra em adultério sem antes ter mentido sobre o valor do outro. A nona palavra se baseia na oitava, apresentando-nos um ângulo adicional sobre roubo, pois certamente dar falso testemunho é roubo de identidade. E a nona palavra nos prepara para receber a décima, como veremos no próximo capítulo.

Dando até mesmo pouca atenção a esse mandamento, provavelmente teríamos uma anotação mental para evitar algumas das expressões mais óbvias desse pecado. Mas e se meditarmos verdadeiramente nessa lei, buscando obediência expansiva ao que ela pede? Considere comigo estes quatro hábitos de discurso falso (e não amigáveis) que, se quebrados, trariam saúde ao nosso próximo e à comunidade: maledicência, bajulação, silêncio e atribuição indevida.

O pecado da maledicência

Podemos supor a prevalência do pecado de maledicência pelo grande número de vezes que é mencionado na Bíblia. Maledicências, zombarias e escárnio caminham de braços dados pelo texto, seguidos por seus primos brutais, calúnias e fofocas. Nos Salmos, a maledicência se revela nos lábios dos inimigos de Deus. Provérbios descreve o maldizente como "alguém cuja tagarelice é como pontas de espada" (Pv 12.18). A maledicência faz parte das listas de condenação nas epístolas, ao lado de pecados como idolatria, roubo, embriaguez e imoralidade sexual (1Co 5.11; 6.10). Maledicência é o discurso desdenhoso que Jesus denuncia em sua discussão sobre assassinato, desprezo e ira (Mt 5.21-26).

Enquanto a bajulação, o silêncio e a atribuição indevida são os sutis batedores de carteira da reputação, a maledicência se coloca no saguão do Primeiro Banco da Reputação, atirando e saqueando o cofre. Na igreja moderna, talvez nada ateste mais nossos níveis atuais de analfabetismo bíblico do que nossa comissão casual, impensada e frequente do pecado de maledicência. Veja, por exemplo, a diferença praticamente indistinguível entre o uso que nós fazemos da mídia social e o uso que o incrédulo faz. Rotineiramente, exercitamos nosso discurso on-line na atividade de derrubar o bom nome de nosso próximo, o político, o pastor ou a figura pública. A falta de interação face a face acentua nossa ousadia e nos tornamos embriagados com a adrenalina. Somos Bonnies e Clydes virtuais, com teclados totalmente carregados e consciências inteiramente cauterizadas.

Mas a rede social é apenas um novo veículo para um velho pecado, um pecado que trabalha para se encaixar em qualquer meio que puder. Maldizemos com um sarcasmo que desmantela nosso próximo, com uma piscadela e uma risada. Maldizemos ao corrigir nossos filhos envergonhando-os através do tom e da escolha da linguagem. Maldizemos com nosso pedido de oração cuidadosamente elaborado para esconder fofocas ou calúnias. Maldizemos em e-mails, comentários em publicações, adesivos de para-choques e conversas casuais — em qualquer ambiente e por qualquer meio em que percebemos a oportunidade de aumentar nosso próprio valor, empurrando para baixo o de outra pessoa.

Quem ama maldizer? Satanás, o pai da mentira e o acusador dos irmãos. Quando os cristãos cometem maledicências, nós parecemos e soamos como seus filhos. "De uma só boca procede bênção e maldição. Meus irmãos, não é conveniente que estas coisas sejam assim" (Tg 3.10). Devemos nos recusar a sentar na cadeira do escarnecedor. Jesus Cristo recusou aquele trono profano e declarou bem-aventurados aqueles que são injuriados por seu nome: "o qual não cometeu pecado, nem dolo algum se achou em sua boca; pois ele, quando ultrajado, não revidava com ultraje" (1Pe 2.22-23). Jesus encarna a verdade, e aqueles que o seguem têm o cuidado de "despojar-se de toda maldade e dolo, de hipocrisias e invejas e de toda sorte de maledicências" (1Pe 2.1). No lugar disso, procuram maneiras de edificar os outros com sua fala e, se palavras gentis lhes escapam, eles aderem à sabedoria básica do silêncio.

O pecado da bajulação

Quando um elogio não é um elogio? Quando é oferecido para persuadir ou controlar. Enquanto a maledicência deturpa ao destruir alguém, a bajulação deturpa ao edificar alguém. É manipulação mascarada de elogio, muitas vezes empregada para aumentar artificialmente a confiança ou garantir favores. Embora possamos ser tentados a descartar a bajulação, vista como algo relativamente inofensivo, o autor de Provérbios a denuncia em termos fortes:

> *Quem odeia* disfarça as suas intenções com os lábios, mas no coração abriga a falsidade. Embora a sua conversa seja mansa, não acredite nele, pois o seu coração está cheio de maldade. Ele *pode fingir* e *esconder* o *seu ódio*, mas a sua maldade será exposta em público. Quem faz uma cova nela cairá; se alguém rola uma pedra, esta rolará de volta sobre ele. A *língua mentirosa odeia aqueles a quem fere*, e a boca lisonjeira provoca a ruína. (Pv 26.24-28, NVI)

Observe a repetição tripla das variantes de *ódio*. A bajulação, assim como a maledicência, é discurso de ódio. É apenas mais sutil ao ser entregue. Jesus não foi enganado ou levado pela bajulação daqueles que a usaram para esconder seu ódio contra ele. Procurando prendê-lo em uma armadilha, os fariseus e os herodianos escolheram um discurso meloso:

> Chegando, disseram-lhe: Mestre, sabemos que és verdadeiro e não te importas com quem quer que seja, porque não olhas a aparência dos homens; antes, segundo a verdade, ensinas o caminho de Deus; é lícito pagar tributo

a César ou não? Devemos ou não devemos pagar? Mas Jesus, percebendo-lhes a hipocrisia, respondeu: Por que me experimentais? (Mc 12.14-15)

Visto da superfície, seu enaltecimento era completamente verdadeiro. Mas Jesus viu o motivo de seus corações. Ele também vê os nossos. Nas palavras do poeta William Blake, "Uma Verdade que é dita com má intenção/ Supera todas as Mentiras que você possa inventar".[1]

Satanás é o pai da bajulação, entregando-a com uma sutileza eloquente. Antes que ele pronuncie uma palavra para Eva, é-nos dito que a serpente era "mais sagaz que todos os animais selváticos" (Gn 3.1). E suas palavras confirmam isso: "como Deus, sereis" (Gn 3.5). Ele escolhe um discurso semelhante ao tentar Jesus no deserto: "Dar-te-ei toda esta autoridade e a glória destes reinos" (Lc 4.6). A bajulação nos atrai para alianças profanas, elevando nosso senso de nós mesmos além do que é justificado. Quando a praticamos, conformamo-nos à imagem da serpente.

Fazemos bem em oferecer encorajamento e louvor genuínos uns aos outros. De fato, somos incumbidos de fazê-lo (veja Pv 12.25; Ef 4.29; 1Ts 5.11). Mas nossas palavras edificantes devem ser verdadeiras e precisas. Cuidado com aqueles que falam de você em superlativos. Não faz bem para ninguém ter uma opinião muito elevada de si mesmo, não importa quão bem-intencionado seja o elogio. Quando elogiamos exageradamente os outros, nós os tentamos a fazer uma aliança profana com o orgulho. Ou os tentamos a uma

---

[1] William Blake, "Auguries of Innocence", 1863, Poetry Foundation. Disponível em: https://www.poetryfoundation.org/poems/43650/auguries-of-innocence. Acesso em 21 jul. 2020.

aliança profana conosco, para que possamos manipulá-los em prol de nossos próprios interesses. Devemos reconhecer a bajulação pelo que ela é: uma agressão. Como observa Jon Bloom, o amor nunca bajula os outros, e a sabedoria nunca deseja ser bajulada.[2] O elogio oferecido corretamente a alguém inspirará humildade. O elogio verdadeiro, oferecido em encorajamento genuíno, cumpre o nono mandamento.

O pecado do silêncio

Como observamos, a Bíblia tem o cuidado de louvar o silêncio como sabedoria. Muitas vezes negligenciamos segurar nossas línguas quando deveríamos fazê-lo. Mas Salomão nos lembra de que há "tempo de estar calado e tempo de falar" (Ec 3.7). Quando o bom nome do nosso próximo é jogado na lama, o silêncio de seus amigos pode ser tão brutal quanto a maledicência de seus inimigos.[3] Não devemos usar a ordem de ser tardio para falar como desculpa para nunca falar (Tg 1.19). Deus nos ajude se afirmarmos ser sábios em nosso silêncio quando, na verdade, estamos mascarando a covardia.

O silêncio pecaminoso, como o pecado da bajulação, é sutil. Pode não ser imediatamente claro para aqueles que nos rodeiam se o nosso silêncio é motivado por algo adequado ou errado. Mas é sempre claro para Deus. Tiago nos lembra de que "aquele que sabe que deve fazer o bem e não o faz nisso está pecando" (Tg 4.17). Há momentos em que não temos certeza se devemos falar ou permanecer em silêncio. Mas,

---

[2] Jon Bloom, "Lay Aside the Weight of Flattery", Desiring God website. Disponível em: https://www.desiringgod.org/articles/lay-aside-the-weight-of-flattery/. Acesso em: 21 jul. 2020.
[3] No contexto do Movimento dos Direitos Civis, o Dr. Martin Luther King Jr. captou essa ideia com propriedade em sua conhecida declaração: "No final, não nos lembraremos das palavras de nossos inimigos, mas do silêncio de nossos amigos".

quando sabemos que nossas palavras são necessárias e, ainda assim, as retemos, somos tão culpados de dar falso testemunho quanto o maldizente que começou a mentira.

Nos primeiros dias de seu ministério, Jesus às vezes instruía seus seguidores a permanecerem em silêncio por algum tempo sobre quem ele era. No tempo em que chegou a Jerusalém, onde seria crucificado, ele já havia sofrido muitas quebras da nona palavra, e muito mais o aguardava. Mas ali, ao longo do caminho, uma multidão de discípulos clamava Hosana e verbalizava a verdade de sua abençoada realeza. Quando os fariseus disseram a Jesus que os repreendesse, ele respondeu que o tempo do silêncio havia passado: "Asseguro-vos que, se eles se calarem, as próprias pedras clamarão" (Lc 19.40).

Quem maquina em silêncio pecaminoso? Satanás. Ele gosta de nada mais do que o silêncio de quem sabe que deve falar. Quando silenciamos os contadores da verdade ou permanecemos em silêncio quando somos chamados a falar com coragem, conformamo-nos à imagem de Satanás, e não à imagem de Cristo. Quando testemunhas falsas falam contra o próximo, devemos falar para dar testemunho verdadeiro em seu favor. Seu impulso é maldizer? A todo custo, a sabedoria implora que você permaneça em silêncio. Seu impulso é defender o bom nome do seu próximo? A todo custo, abra a boca. O discurso corajoso, proferido no tempo certo, cumpre o nono mandamento.

O pecado da atribuição indevida

Vimos em nossa discussão sobre a terceira palavra como agregamos o bom nome de Deus para melhorar nossa reputação. No nono, também somos proibidos de agregar o bom nome do nosso próximo. O pecado da atribuição indevida nos tenta a ganhar créditos ou transferir a culpa à custa de nosso próximo. Prestamos falso testemunho quando permitimos que nosso próprio nome receba a glória que pertence a outro. Se você já se sentou em uma reunião e ouviu seu chefe levar o crédito por uma de suas ideias ou de seus esforços, talvez se identifique com a necessidade da nona palavra. Ganhar crédito pelo trabalho de outra pessoa nunca foi tão fácil, graças à internet e ao recurso copiar/colar. Os direitos de propriedade intelectual reconhecem a tendência humana de quebrar a nona palavra. Mas a prática sempre esteve conosco, mesmo quando era muito mais difícil realizar o plágio. Assim como podemos exaltar nossos próprios planos anexando o nome de Deus a eles, podemos exaltar nossos próprios esforços, ocultando os nomes de outros que trabalharam ao nosso lado ou antes de nós. Quando cometemos erros de atribuição, mascaramos nossa preguiça como gênio. Sempre que recebemos elogios por um trabalho que excede o trabalho que realizamos, sucumbimos a esse pecado.

Mas também cometemos atribuição indevida quando transferimos a culpa que devemos ter por nossos pecados. Obstruímos a glória quando a condenação nos atinge. Quando confrontados com nosso pecado, se nosso primeiro impulso é dizer: "_____ me obrigou a fazê-lo", preenchendo agilmente com o nome de nosso cônjuge, filho, pais, colega de trabalho, chefe, amigo ou inimigo, quebramos a nona palavra. Rotulamos nosso próximo como nossa desculpa, roubando a honra ao transferir a culpa e ampliando nossa ofensa nesse processo. A confissão do rei Davi a Natã e a Deus modela a atribuição adequada do pecado: Em vez de gritar: "Bate-Seba me obrigou a fazer isso!", ele recebe a repreensão de Natã sobre si somente: "Pequei contra o Senhor" (2Sm 12.13; veja Sl 51.1).

Quem é o mestre da atribuição indevida? Satanás. Ele é um praticante de roubo de identidade, disfarçado de anjo de luz. Ele celebra quando roubamos a glória dos outros porque, ao fazê-lo, nos conformamos à sua imagem. Ele se deleita quando transferimos culpa porque isso nos marca como seus discípulos. O antídoto tanto para o acúmulo indevido como para a obstrução de glória é superar uns aos outros na demonstração de honra. Em vez de correr para receber o crédito, devemos ser rápidos em reconhecer e celebrar as contribuições dos outros. Em vez de transferir a culpa, devemos ser rápidos em assumir o pecado que é somente nosso. Devemos praticar a confissão completa e frequente sem reservas.

Na terra como no céu

Nos novos céus e na nova terra, haverá um fim para o falso testemunho contra nosso próximo, feito à imagem de Deus. Imagine isso por um instante. Se você já sentiu a dor de ser caluniado ou a vergonha de haver caluniado alguém, imagine um lugar onde isso nunca, jamais acontece. Se você já sentiu a justeza de ser representado corretamente ou a satisfação de haver edificado outra pessoa com seu discurso, imagine um lugar no qual esse é sempre o caso em todos os cantos. Sempre que nos recusamos a maldizer, bajular, silenciar ou apropriar-nos indevidamente, estamos vivendo, aqui e agora, essa realidade futura. Toda vez que escolhemos falar palavras verdadeiras, palavras encorajadoras, palavras vivificantes acerca de e para nosso próximo, convidamos o céu a descer à terra.

E nós o tornamos visível aqui e agora. Mentir sobre os outros é mais fácil para nós quando acreditamos que podemos nos safar. Quanto mais habilidosos nos tornarmos em dar falso testemunho, mais frequentemente empregaremos essa habilidade. Como assassinato, adultério e roubo, pesamos o risco de sermos pegos e procedemos à altura. Os filhos de Deus têm em mente que Deus lê a história de cada ser humano, não importa quão intransponível seja sua expressão impassível. Ao falar sobre os últimos dias, Jesus advertiu: "Digo-vos que, de toda palavra frívola que proferirem os homens, dela darão conta no Dia do Juízo; porque, pelas tuas palavras, serás justificado e, pelas tuas palavras, serás condenado" (Mt 12.36-37).

Prestaremos conta de cada palavra. Assim como a nona palavra, a advertência de Jesus é proferida na linguagem de tribunal. Se negligenciarmos dar testemunho verdadeiro como a nona palavra ordena, nossas palavras testemunharão contra nós no dia do ajuste de contas.

É aqui que penso melancolicamente em Pinóquio com seu nariz de madeira, de onde brotam galhos e folhas. Se Deus nos tivesse criado para carregar um sinal visível a cada vez que mentimos, talvez hesitássemos em fazê-lo. Talvez se Deus tivesse sido mais como Gepeto, todos nós empregássemos a verdade com maior diligência. Mas Deus sabe mais do que Gepeto. Nada dá maior testemunho da verdade de nosso Deus invisível do que nossa obediência visível aos seus mandamentos. Bem-aventurados os que não viram, mas, mesmo assim, obedecem (Jo 20.29). Nossas ações são a corporificação de nossas crenças.

Portanto, despoje-se de toda maldade e de todo dolo, de hipocrisias e invejas e de toda sorte de maledicências (1Pe 2.1). Revista-se, então, como eleitos de Deus, santos e amados, de ternos afetos de misericórdia, de bondade, de humildade, de mansidão e de longanimidade. Com tal vestimenta celestial, quem na terra poderia transgredir a nona palavra? Que o reino de Deus venha nas palavras que escolhemos para dar testemunho uns dos outros, pois assim é cumprida a lei do amor.

Versículos para meditação
+ Salmos 1.1-2
+ Provérbios 12.25
+ Provérbios 26.24-28
+ Mateus 12.36-37
+ Tiago 3.8-12
+ 1 Pedro 2.22-23

Questões para reflexão

1. Antes de ler este capítulo, como você classificaria sua obediência ao nono mandamento? Depois de lê-lo, como avaliaria a si mesmo? Que pensamento explica a mudança em seu diagnóstico?

2. Como sua compreensão de dar falso testemunho se expandiu? Que obediência mais profunda você descobriu?

3. Quais dos pecados de uso indevido do nome do seu próximo você está mais propenso a cometer (maledicência, bajulação, silêncio, atribuição indevida)? Que questão do coração pode estar causando esse padrão de mau uso?

4. Quais situações mais prováveis podem levar você a usar mal o nome do seu próximo? Qual "próximo" costuma ser seu alvo? Como você poderia mudar sua resposta típica, tanto a resposta do coração como a resposta verbal?

Escreva uma oração pedindo a Deus que o ajude a obedecer ao nono mandamento. Confesse em que circunstâncias você tem falhado ao usar suas palavras para difamar ou diminuir o nome de seu próximo. Peça a ele que o ajude a falar de — e com — seu próximo com veracidade. Louve-o, pois ele não retribui nossas injúrias com injúrias, mas com perdão. Agradeça a ele por chamar você a pôr de lado o discurso falso.

10
O Décimo Mandamento
Honra no coração

> "Não cobiçarás a casa do teu próximo. Não cobiçarás a mulher do teu próximo, nem o seu servo, nem a sua serva, nem o seu boi, nem o seu jumento, nem coisa alguma que pertença ao teu próximo."
>
> Êxodo 20.17

Certa vez, ouvi um pastor dizer que somos o anúncio tardio do que temos pensado nos últimos trinta dias. Nunca esqueci. Posso ver agora que suas palavras soaram verdadeiras porque eram uma paráfrase da décima palavra.

Em uma lista de proibições claras, a décima palavra é inesperada. Para todos os outros nove mandamentos, nosso próximo poderia responsabilizar-nos simplesmente reunindo pessoas para dar testemunho de nossa conformidade ou da falta dela. Mas aqui, no final da lista, encontramos um pecado de natureza diferente. A criação de ídolos, a quebra do Shabat, a desonra da autoridade, o assassinato, o roubo, o adultério e a calúnia podem ser identificados por um espectador, mas não tanto a cobiça. A cobiça se esconde no coração.

As Dez Palavras progridem de "Não faça isso" para "Não diga isso" para "Nem pense nisso".

Jesus traçou para nós uma conexão com o pecado subjacente do desprezo em seus ensinamentos no Sermão do Monte. E, aqui, a décima palavra reconhece a verdade de seu ensino, pois ninguém jamais esteve prestes a pecar contra Deus ou o próximo sem primeiro desejar algo fora dos limites. A cobiça e o desprezo caminham de mãos dadas, pois ninguém jamais procurou tirar de Deus ou do próximo sem primeiro desejar diminuí-los. A cobiça é uma ofensa pessoal.

Vimos isso na história de Adão e Eva, que cobiçam o que é somente de Deus. Vimos isso na história subsequente de Caim, que cobiça o que é de seu irmão. Em ambas as histórias, nenhuma testemunha humana poderia ser levantada para testemunhar os pecados do desejo que precederam os pecados da ação. Mas houve um que prestou testemunho. O Deus que vê dá testemunho de todo desejo pecaminoso. A décima palavra nos lembra da conclusão relativa àquilo que entendemos logo no início: não há outros deuses diante de Deus. É Deus quem dá testemunho de nossa obediência à décima palavra. Muito antes de nossos desejos cobiçosos tomarem a forma visível de palavras ou ações, Yahweh testemunha contra nós.

Se nos lembrássemos disso, confessando mais prontamente nossos pecados no momento do desejo, talvez as palavras de Tiago não fossem tão proféticas em nossas vidas: "Ao contrário, cada um é tentado pela sua própria cobiça, quando esta o atrai e seduz. Então, a cobiça, depois de haver concebido, dá à luz o pecado; e o pecado, uma vez consumado, gera a morte" (Tg 1.14-15).

O desejo é uma coisa viva, concebida no lugar secreto e buscando crescer até a maturidade. Nossas palavras e ações são o choro de nascimento de nossos desejos maduros. Esses desejos são o anúncio tardio daquilo sobre o que temos pensado ao longo da última semana, do último mês, da última década — um nascimento profano e horrível, gestado em nossos corações, a confissão de um curso tortuoso com o qual nos comprometemos há algum tempo. A décima palavra está nos alertando sobre a promiscuidade do pensamento e do coração como um útero fértil.

O gramático em mim não ama uma mistura de metáforas, mas, quando ela emerge do texto bíblico, eu mortifico o gramático em mim. O coração é o lugar no qual o pecado é gestado. Quem tem ouvidos para ouvir, ouça.

A décima palavra também é inesperada porque, assim como a ordem do Shabat e a ordem relativa ao furto, antecipa a riqueza antes que Israel a tenha. A descrição de casa, cônjuge, servos e animais pinta uma imagem de riqueza. Apenas um próximo rico teria tal inventário de símbolos de status dignos de cobiça. Uma nação de escravos recém-libertados tem pouco a cobiçar. Nos primeiros anos de sua liberdade, haveria pouca estratificação de riqueza ou de condição social.

No entanto, Deus os prepara com antecedência para as complexidades sociais e emocionais que surgiriam à medida que a riqueza fosse aumentando entre os filhos de Deus. Assim como ele decretou descanso antes que alguém pudesse sentir-se tentado a lucrar com o trabalho constante do outro, Deus proíbe a cobiça antes que alguém tenha motivo para tê-la. Quão misericordioso é que Deus veja o fim desde o princípio! Ele grava bons limites para nós antes mesmo de sabermos que precisamos deles.

Pois certamente precisamos da décima palavra — hoje tanto quanto no passado. Afirmado de forma positiva, o mandamento "Não cobice" torna-se "Esteja satisfeito". A cobiça fere a comunidade porque mantém a companhia próxima da mesquinhez. Quanto menos satisfeitos estamos com nossas próprias posses, relacionamentos ou circunstâncias, menos inclinados estaremos à generosidade que ajuda a comunidade a florescer. É o contentamento que vemos florescendo na igreja primitiva em Atos, onde tudo era compartilhado conforme a necessidade (At 2.42-47). Não compartilhamos com o próximo quando percebemos nossas próprias necessidades como primordiais. A cobiça sussurra que merecemos aquilo que foi dado ao nosso próximo. O contentamento afirma claramente que Deus deu o que é bom.

Uma vez que associamos contentamento à cobiça, podemos adotar medidas para combater nosso desejo ímpio em relação ao bem que outros receberam. Acontece que o contentamento não é algo que cai dos céus como o maná. E o caminho para o contentamento está aberto para nós se o procurarmos. Paulo nos dá as lentes para vê-lo, em uma das passagens mais conhecidas do Novo Testamento:

> Alegro-me grandemente no Senhor, porque finalmente vocês renovaram o seu interesse por mim. De fato, vocês já se interessavam, mas não tinham oportunidade para demonstrá-lo. Não estou dizendo isso porque esteja necessitado, *pois aprendi* a adaptar-me a toda e qualquer circunstância. Sei o que é passar necessidade e sei o que

é ter fartura. *Aprendi* o segredo de viver contente em toda e qualquer situação, seja bem alimentado, seja com fome, tendo muito, ou passando necessidade. Tudo posso naquele que me fortalece. (Fp 4.10-13, NVI)

Se o contentamento tem sido uma batalha perdida para você, se cobiçar conforto, dinheiro ou companheiros tem sido seu estado comum, deixe a boa notícia penetrar: *o contentamento é aprendido*. Aprende-se segundo o padrão típico de santificação: pela experiência, pelo poder daquele que nos fortalece. Paulo nos assegura que isso pode ser feito, e feito além do mínimo. Ele diz que podemos aprender o contentamento *em todas as coisas*. Mas por onde começamos? Se decidirmos aprender o contentamento e desaprender a cobiça, devemos começar por nos tornar bons estudantes daquilo que alimenta nossos desejos.

Observe como a progressão de casa para pessoas, para símbolos de status e "qualquer coisa que pertença ao seu próximo" nos instrui em três áreas-chave da cobiça: *coisas, relacionamentos, circunstâncias*. Cobiçar o que outra pessoa tem é sempre a função de uma expectativa errada. Baseia-se na ideia de que merecemos o que os outros têm. Alimenta-se de comparação, aquele velho ladrão de alegrias, o que explica por que o cobiçoso leva uma triste existência de insatisfação e desprezo. Comparamos nossa própria situação à de outra pessoa e permitimos que nossas expectativas se moldem dessa maneira. A lacuna entre nossa expectativa e nossa realidade é onde o descontentamento e a cobiça prosperam. Enquanto nossas expectativas excederem nossa realidade atual, estaremos particularmente propensos a quebrar a décima palavra.

Não é errado ter expectativas para nossas coisas, nossos relacionamentos e nossas circunstâncias; é errado, contudo, ter expectativas *irreais*. Como a décima palavra indica, estamos profundamente preocupados em manter o mesmo padrão dos nossos vizinhos. Queremos ter uma cozinha como a deles, um casamento como o deles, férias e carros como os deles, filhos inteligentes e atléticos como os deles, arranjos de trabalho flexíveis como os deles. O que quer que eles tenham, nós gostaríamos de ter — apenas um pouco melhor, desde que façamos um ajuste em nosso orçamento.

Por que queremos isso? Ilustramos a sabedoria do provérbio francês: "O que nos deixa descontentes com nossa condição é a ideia absurdamente exagerada que temos da felicidade alheia". Quando olhamos para nosso próximo e cobiçamos suas coisas, relacionamentos ou circunstâncias, cometemos o erro grave de supor que suas coisas, relacionamentos ou circunstâncias o tornaram mais feliz que nós. Na verdade, somos suficientemente tolos para pensar que, se tivéssemos o que o outro tem, seríamos felizes.

A Bíblia nos fornece uma longa história de advertência sobre a comparação com nosso próximo. Poderíamos intitulá-la "Mantendo o padrão dos cananeus". Ela nos mostra que Israel como um todo logo esqueceu a décima palavra na pressa de se comparar com seus vizinhos. Em uma cena que se parece com um aluno do quinto ano pedindo o par de sapatos da moda, Israel pede a Deus que lhe dê um rei como as outras nações.[1] Deus decide ensinar contentamento ao seu

---

[1] A história de Israel pedindo Saul como rei pode ser encontrada em 1 Samuel 8 e nos capítulos seguintes.

povo da maneira mais difícil: dando-lhes o que eles querem. O reinado desastroso de Saul é o resultado disso.

Atraídos pelo passado

O que levou Israel a querer tal rei? Como nós, a expectativa foi formada não apenas por seu presente, mas em grande parte por seu passado. Queremos o que tivemos ou o que nunca tivemos. No caso de Israel, o aguilhão da escravidão aos faraós teria aumentado seu desejo de ter seu próprio governante majestoso como a prova definitiva de que eles não eram mais escravos. Sua experiência no Egito era algo que eles simultaneamente detestavam e para o qual desejavam retornar. Toda vez que suas barrigas roncavam, eles olhavam por cima dos ombros com desejo. Como Israel, a maneira como vemos nosso presente é moldada pela maneira como vemos nosso passado.

Nossa expectativa para a vizinhança em que devemos morar é produto daquela em que crescemos. Nossa expectativa para nosso cônjuge é moldada pelo casamento que testemunhamos em nossa casa de origem. Nossa expectativa para a forma do nosso corpo está associada à aparência que costumávamos ter. Somos formados por nossos primeiros anos de vida, tanto positiva como negativamente. Queremos ser como nossos pais, ou não queremos ser nada como eles. Queremos o abdômen e a pele lisa de nossos vinte anos, ou queremos ser mais magros ou mais fortes do que nossos eus adolescentes. Queremos que nosso marido seja como nosso pai ou nada parecido com ele. Nossa experiência passada dita a maneira como habitamos o presente, os desejos que alimentamos ou deixamos morrer à míngua e os hábitos que construímos ou quebramos.

Quer vejamos o passado como um lugar que foi melhor, quer o vejamos como um lugar que queremos esquecer, nossas expectativas para o presente refletem as experiências que vivemos. Se uma expectativa moldada por seu passado o está levando a cobiçar no presente, talvez seja a hora de se tornar um estudante dessas expectativas e desejos. Olhos otimistas são tão perigosos quanto o arrependimento quando se trata de usar o passado para moldar o presente. Quanto mais propensos estivermos a querer que o agora seja como antes, ou completamente diferente de então, maior será a probabilidade de pedirmos às nossas coisas, aos nossos relacionamentos ou às nossas circunstâncias para atender a uma expectativa que eles simplesmente não podem cumprir. Em vez disso, podemos confiar o passado ao Deus do ontem e pedir-lhe que nos ajude a ver o hoje com clareza.

A idolatria de um ideal

Assim como nosso passado pode moldar nossas expectativas e distorcer nosso contentamento, as comparações com um ideal também podem fazê-lo. O mundo nos apresenta a cada momento sua versão da boa vida, através de qualquer meio que tenha o poder de influenciar as massas. Os anúncios nos vendem uma ideia de nós mesmos como bem-sucedidos, atraentes ou poderosos. Filmes e programas de TV definem relacionamentos ideais, vendendo-nos versões de romance, amizade e família que são inatingíveis ou ímpias. Até mesmo nossos próprios amigos estão vendendo uma versão da boa vida por meio de suas contas de mídia social com curadoria: mesas decoradas, férias e sucessos de dieta, tudo isso escolhido a dedo pelas lentes lisonjeiras que eles oferecem.

Quem de nós não assistiu a uma comédia romântica e a comparou com nosso próprio romance? Quem de nós não assistiu a um programa de reforma de casa e não quis queimar nossa própria casa até o chão? Ao lutar contra as expectativas estabelecidas por um ideal, é bom lembrar exatamente o que é um ideal. O dicionário *Webster* define *ideal* como "existindo como uma imagem mental ou apenas na fantasia ou imaginação".[2] O emprego, o cônjuge, a família, o lar ou o salário ideal que está sendo colocado diante de nós pela mídia não é — vamos dizer isso juntos — *real*. É algo dissociado da realidade, falso, inimigo mortal do contentamento e amigo íntimo da cobiça.

Como podemos combater as falsas expectativas levantadas por um ideal? Uma habilidade-chave no caminho para o aprendizado do contentamento é limitar nossa exposição a fontes realçadoras do desejo. Como observamos em nossa discussão sobre a sétima palavra, olhar tira, sim, pedaço. Talvez você cancele seu canal por assinatura. Talvez jogue esses catálogos não lidos na lixeira. Talvez pare de ver as redes sociais. Se aquela série romântica faz com que você peque, corte-a. Você entendeu a ideia. Siga em frente e vença.

Jesus e a comparação

Jesus advertiu: "Tende cuidado e guardai-vos de toda e qualquer avareza; porque a vida de um homem não consiste na abundância dos bens que ele possui" (Lc 12.15). Viver uma

---

2 Merriam-Webster, verbete "ideal". Disponível em: www.merriam-webster.com/dictionary/ideal. Acesso em: 12 out. 2020.

vida que consiste em abundância de bens é inconsistente com uma vida abundante.

Talvez o aspecto mais sombrio da cobiça seja a maneira como ela mantém nossos olhos fixos no plano horizontal. Quando rejeitamos a décima palavra, dizemos, com efeito: "Baixo os olhos para a terra: de onde me virá o socorro? O meu socorro vem do mundo".[3] Em vez de desejar o bem-estar do meu próximo, desejo suas coisas, seus relacionamentos e as circunstâncias que o cercam. É impossível você querer o melhor para o outro enquanto deseja essas coisas. A grande perda de uma vida cobiçosa é que ela mantém o amor a si mesmo como a preocupação primária. Se amamos o Grande Mandamento, devemos amar a décima palavra.

Jesus não amou o mundo nem nada nele, renunciando ao mundanismo que a décima palavra aborda. O amor do Pai estava nele, e seus desejos estavam voltados inteiramente para assegurar o bem de seu próximo. Seus olhos não estavam fixos no plano horizontal, mas no vertical — no monte santo de Deus, de onde seu socorro e o nosso certamente viriam.

Sim, o desejo maligno, quando concebido, dá à luz o pecado, e o pecado, quando totalmente desenvolvido, produz morte. Mas o seu desejo era santo. O desejo santo, quando concebido, dá à luz a justiça, e a justiça, quando totalmente desenvolvida, produz vida. Essa justiça nasce em todos os que se unem a Cristo pela fé. Assim, aprendemos a amar a décima palavra, orando: *Guia-nos pelas veredas da justiça por amor do seu nome.*[4]

---

3 Veja Salmos 121.1-2
4 Salmos 23.3.

Na terra como no céu

O que é mais cansativo do que a cobiça? O que é mais cansativo do que comparar para confirmar a suspeita de que outra pessoa tem coisas melhores do que nós? O que é mais parecido com Satanás do que querer o que pertence a outro?

Nos novos céus e na nova terra, cessaremos nossa cobiça. Não ficaremos mais presos à comparação, finalmente olhando sem impedimento para aquele que não tem comparação. Teremos obtido plenamente a pérola de grande valor. Teremos desenterrado completamente o tesouro oculto em um campo. Estaremos livres da suspeita de que alguém tem coisas melhores do que nós. Saberemos, sem sombra de dúvida, que o maior bem, o relacionamento mais puro, a circunstância mais elevada, tudo isso é nosso por toda a eternidade. Desfrutaremos plenamente o grande ganho da piedade com contentamento.[5]

Mas a piedade com contentamento é um grande ganho aqui e agora. Por que esperar até lá para viver como cidadão do reino dos céus? Quando rejeitamos a cobiça e abraçamos a décima palavra, oramos: "Venha o teu reino". Fixamos os olhos no céu e abrimos o coração para buscar o bem do nosso próximo, livre de inveja. O que é mais parecido com Cristo do que querer o bem do nosso próximo? Que forma melhor de passar esta vida do que deixando de lado comparações sem sentido e assumir a comparação com Cristo? Esta é a vida abundante aqui e agora oferecida a nós através das palavras do décimo mandamento, a vida que somente o desejo santo pode trazer. Somos o anúncio tardio do que temos pensado nos últimos trinta dias. Amado, sempre e em todo lugar, pense nessas coisas.

---

5 1 Timóteo 6.6.

Versículos para meditação
♦ Lucas 12.15
♦ Efésios 5.1-3
♦ 1 Timóteo 6.6-9
♦ Tiago 1.13-15

Questões para reflexão

1. Antes de ler este capítulo, como você classificaria sua obediência ao décimo mandamento? Depois de lê-lo, como avaliaria a si mesmo? Que pensamento explica a mudança em seu diagnóstico?

2. Como sua compreensão de cobiça e contentamento se expandiu?

3. Qual dos pontos de comparação tem maior controle sobre suas expectativas (os outros, o passado, um ideal)? Quais passos você pode tomar para aprender o contentamento ao limitar a comparação?

4. O que você mais cobiça: coisas, relacionamentos ou circunstâncias? Quem provavelmente seria o objeto de sua inveja? Comprometa-se a orar pelo bem-estar e pela bênção dessa pessoa esta semana.

Escreva uma oração pedindo a Deus que o ajude a obedecer ao décimo mandamento. Confesse em que situações você tem falhado, cobiçando o que não é seu. Peça a ele para ajudá-lo a aprender o contentamento no lugar da cobiça. Louve-o, pois ele é o doador de todas as boas dádivas. Agradeça a ele por dar Cristo como o padrão para o autoesquecimento.

Conclusão

Deleite-se em relembrar

*"Antes, o seu prazer está na lei do Senhor,
e na sua lei medita de dia e de noite."*

Salmos 1.2

Dez Mandamentos para a vida. Dez Palavras para nos mostrar o padrão de semelhança com Cristo e despertar em nós o anseio pelo reino vindouro. Dez Palavras para nos condenar, nos moldar e nos dar esperança. Dez Palavras que Jesus não veio para abolir, mas para cumprir.

Embora para nós sejam proibições, para Jesus mostraram-se proféticas. As Dez Palavras repousam como uma bênção do Pai ao Filho na véspera da encarnação:

Você não terá deuses diante de mim.
Você não fará imagem de escultura.
Você não tomará o meu nome em vão
nem violará o meu Shabat.
Você honrará a autoridade terrena.
Você não matará, nem adulterará,
nem furtará, nem dará falso testemunho.
Você não cobiçará os bens do outro.

Jesus Cristo se deleitou em cumprir a lei, abrindo a porta da salvação. "E não há salvação em nenhum outro; porque abaixo do céu não existe nenhum outro nome, dado entre os homens, pelo qual importa que sejamos salvos" (At 4.12).

A lei será nossa morte ou nosso deleite. No Sermão do Monte, Jesus fala de um caminho largo que conduz à destruição e de um caminho estreito que conduz à vida (Mt 7.14). O caminho largo é suficientemente amplo para acomodar a todos, do legalista ao libertino. Quer você escolha uma demonstração externa de moralismo ou abandone a lei por completo, há espaço para você aqui. O caminho estreito é estreito porque sua porta é somente Cristo, e seu caminho é o caminho da santidade. É o caminho que nos ensina o prazer de amar a Deus e ao próximo, ao olharmos em direção ao dia em que tudo será renovado.

O caminho estreito é o lugar mais próximo do céu na terra que podemos conhecer nesta vida.

Tropeçamos ao longo do caminho? Sim. Embora resgatados e redimidos, ainda vacilamos, reaprendendo novamente o dom da graça. Mas não podemos ser desviados do caminho estreito. Seu destino é certo. E quanto mais andamos por ele, mais nos tornamos parecidos com aquele que caminhou nele primeiro e melhor, aquele de quem se diz: "Agrada-me fazer a tua vontade, ó Deus meu; dentro do meu coração, está a tua lei" (Sl 40.8).

Em Cristo, está selada a aliança da qual fala o profeta Jeremias:

> Porque esta é a aliança que firmarei com a casa de Israel, depois daqueles dias, diz o Senhor: Na mente, lhes

imprimirei as minhas leis, também no coração lhas inscreverei; eu serei o seu Deus, e eles serão o meu povo. (Jr 31.33)

Não mais obediência externa. A obediência que agrada a Deus começa no coração. Dez Palavras gravadas em pedra no Sinai e impotentes para nos salvar, agora esculpidas em nossos corações e poderosas para nos transformar. As tábuas dadas a Moisés há muito se transformaram em pó, mas a beleza de seus mandamentos vive de geração em geração no coração do povo de Deus. Ela nos destaca como estranhos em uma terra estranha. Ainda somos nômades, cidadãos de outro lugar, passando por este deserto atual repleto de anseio por permanência, por uma cidade que tem fundamentos, cujo arquiteto e edificador é Deus.[1]

Dez palavras para fazer morrer nosso pecado. Dez palavras para anunciar vida abundante. Dez Palavras para nos firmar e fortalecer no caminho estreito que nos leva para casa. Na Nova Jerusalém, os portões de boas-vindas em casa nunca serão fechados. Um dia, entraremos por aqueles portões com ação de graças. Que se diga de nós naquele dia que nosso deleite meditativo estava na lei do Senhor! Que se diga de nós que em pensamento, palavra e ação, nós nos lembramos de nos deleitar!

---

1 Hebreus 11.10

FIEL
MINISTÉRIO

O Ministério Fiel visa apoiar a igreja de Deus de fala portuguesa, fornecendo conteúdo bíblico, como literatura, conferências, cursos teológicos e recursos digitais.

Por meio do ministério Apoie um Pastor (MAP), a Fiel auxilia na capacitação de pastores e líderes com recursos, treinamento e acompanhamento que possibilitam o aprofundamento teológico e o desenvolvimento ministerial prático.

Acesse e encontre em nosso site nossas ações ministeriais, centenas de recursos gratuitos como vídeos de pregações e conferências, e-books, audiolivros e artigos.

Visite nosso site

www.ministeriofiel.com.br

Esta obra foi composta em AJensonPro Regular 11,7, e impressa
na Promove Artes Gráficas sobre o papel Polen 70g/m²,
para Editora Fiel, em Maio de 2023.